大正・昭和を生きて

木村晃郎
Kimura Koro

石風社

装画　木村晃郎

父母結婚　横浜二ツ谷町　自宅玄関前で　1913年

晃郎、美保子、芙じ子　自宅庭　１９１９年

祖父母、父母　自宅庭　後方律郎（父）、ミネ、美保子。前方秀哉、芙じ子、イト、晃郎、キクノ（母）　１９１９年

律郎　1930年

律郎、晃郎　横浜（？）　1939年

晃郎　兵役免除時　付き添い看護兵と　１９３９年

従兄２人、律郎、晃郎　東京・ビル屋上　１９３９年

晃郎、坂本繁二郎夫妻　坂本先生宅　１９５５年

父母（律郎、キクノ）　自宅　１９５５年

晃郎、悦子　結婚後　1952年

晃郎　津福書斎　1962年

新人会の人達　前列左が晃郎　中央、坂本先生

晃郎近影　2012年

はじめに

　大正・昭和の時代を生きて、その記憶を書く気持ちになったのは、何故か。たしかにこの時代、特に昭和戦前期までは、既に歴史の時代に入っている。
　戦後期しか知らぬ人には、案外わからぬ点も多くなっている。実はそのことを痛感した体験がある。
　私の祖父は弘化元年生。１６歳の時岐阜県明知で両親をなくし、一人で神奈川の親戚を頼って上京した。その時箱根の関所を過ぎる時「何とか」言ったら通して呉れたとのこと。これは父から聞いた話だ。その「何とか」がどういう言葉であったのか、今になると知りたいことだが、祖父はとうの昔にあの世の人だ。箱根の関所がきびしかったのは、「入鉄砲に出女」こんなことは多くの人は知っているが、具体的に関所で役人と通行者の間で、どんなやりとりが行われていたのか。その具体的なことは、案外知ることが出来ない。
　このことを思うと、我々大正、昭和の生き残りの話も、多少は当時の現実を知るに役立つのではないか。そのことを思いこの本を書く気持ちになったのである。

　　　　　　　　　　（２０１０年３月５日　書き始める）

大正・昭和を生きて●目次

はじめに　　1

第1章　父母・祖父母等のこと

　1　祖父母等のこと　　8
　2　父母のこと　　12
　3　生まれた頃の世界と日本　　18

第2章　大正期のこと

　1　大正スペイン風邪の話　1920年4歳　　22
　2　水害のこと　　25
　3　父の海外留学　　26
　4　関東大震災のこと　　28
　5　大正末期の推移　　33
　6　母の実家への旅行　　37
　7　大正から昭和へ　　40
　8　大正期の衣食住　　43

第3章　昭和初期の頃

　1　広島県呉市での5年余　　48
　2　満州事変前後の日本　　52
　3　九州への移住　　54
　4　昭和初期の久留米そして福岡　　56
　5　戦前期福岡市との関係　　60

6　闘病と孤独の久留米生活　63
   7　兵役検査と招集　66
   8　召集後のこと　69

第4章　戦時体制期

   1　非常時局の中で　76
   2　全面戦争に入る　81
   3　昭和２０年終戦前後　85

第5章　敗戦後

   1　終戦後約一年　90
   2　社会の大転換・天皇の人間宣言　92
   3　復興途上の日本社会　94
   4　坂本繁二郎先生との出会い　99
   5　美術教育からさらに社会的活動へ　101
   6　私のテンカン症状の結末　103

第6章　余　談

   1　私の読書余論　108
   2　私の生きた時代と今後　117
   3　大地震への基本的対策　121

　　　あとがき　124

第1章

父母・祖父母等のこと

1．祖父母等のこと

　はじめに私自身のことを語る前に、自分の一代二代前のことを若干書くことにする。それは幕末頃からのことである。私の祖父秀哉(しゅうさい)は岐阜県明知で生まれた。弘化元年（1844年）である。父は寛。母リセの次男である。ここまでは戸籍原本に記載されている。以下私が父等から聞いたところでは、寛は福山藩士であり、浪人して明知に来て、ここで寺子屋をして生活していたとのこと。この人が書いて娘に与えたという「女大学」が唯一の遺品として自家にあるが、なかなかの達筆で、無学の人ではなかったようである。姓は本来「森井」であったが「森」と言っていた。これを一字は面白くないと言って上下切りはなし、木村としたのは秀哉であったらしい。さらに秀哉もおそらく成人後の自称であろう。とにかく維新前のことなので、改姓などはいくらでも出来たようだ。秀哉は早く両親を失い１６歳の時、神奈川の親戚を頼って東行したと言う。これが事実とすると、神奈川に来たのは万延元年（1860年）まさに横浜開港の直後であり、井伊大老暗殺による幕末動乱開幕の時である。

　彼は明知時代に若干医術を習得していたようだが、横浜に

来て、佐藤泰然、ヘボン、シモンズについて若干師事したと聞いているが、どの程度か明確ではない。とにかく明治維新頃には医師として立っていたようである。そして地元神奈川の中村イトと結婚したのは明治元年１２月である。秀哉２４歳、イト１９歳である。最初は新開地の横浜に住んでいたが、記録にもあるように、横浜は度々火災があり、この新夫婦もその難にあったようで、横浜をあきらめイトの出身地である神奈川に居住することとなった。推測すると、それは明治4年（1871年）のことである。この年には横浜近代史総合年表によると、横浜では５回も大火があった。

　神奈川の住居は東海道沿いにあり、これについては後述する。当時夫婦にはすでに子供が生まれている。ここで父律郎の兄弟、姉妹のことを書いておこう。キン、タマ、俊平、ウメ、勉三、律郎、七枝、越郎。このうちタマ、越郎は幼児死。勉三は小学生時死。キンは２１歳医師試験前期合格後死。七枝は東京女子高等師範学校卒業後、横浜高等女学校奉職中大正元年に死亡している。彼女の死亡について、父から次のような話を聞いている。

　父はなぜか朝日新聞を嫌って取らなかった。後年になって、その父から次のような話を聞いた。彼女の死因は腹膜炎だった。腹が大きくなったのを「不義の子を宿したため死んだ」と記事に書いたというのだ。当時は高女の女子教師はエリートなのだから、標的にされたのであろう。木村の家は男女関係については全く生真面目な家だから、父も一層腹がたったのであろう。とにかく後年まで生き残ったのは３人。だが長

男俊平は肺等を患ったのも原因であまり大した仕事もしていない。今一人長寿のウメは妹の七枝より前、明治３４年東京女高師卒業。横浜高等女学校に奉職、明治３７年に遠藤義郎と結婚するまでつとめている。

　義郎は旧旗本武士であったが、明治新時代に適応する能力があり、米国の絹織物・麻布貿易商サイモン商会の横浜支店の会計主任として長く勤務して、豊かな生活を送っていたが、関東大震災の時、行方不明の死となった。

　多くの子供を失い祖父母は大きな悲しみを味わったと思うが、私は二人からこれらの人についての嘆きの言葉を聞いたことがない。いやただ一回だけ、祖母が、家の一角を指して、越郎があそこから顔を出して笑っていたと言うことを聞いただけである。

　当時の幼児死亡率等から考えると、多数の人が夭折しており、親はそれに耐えて生きていたのである。「死児のよわいを数える」これはとりかえしのつかぬことを、いつまでも愚痴るおろかさをたしなめた言葉だが、今ではほとんど死語になっている。いや子供を失った親にこんな発言をしたら、とんでもない失礼になる。時代も変わったものだ。私は４人きょうだい。いとこは父方母方合計で１６人。幼児死は一人もない。そして５０歳以上まで生きた人は１１人。要するに戦争時代等あまり恵まれてはいない時なのに２０人中１４人が長生きしている。この大正時代に比べ近代化に向かっての明治時代がきびしい時代であったことがよくわかる。

　死んだ子供の事を決して口にしなかった神奈川の祖母も無

関心であったわけではない。彼等の墓は成仏寺にあった。幕末有名なヘボンが宿舎としていた寺である。もっとも祖父は宗教には全く無関心で、子供が死んだ時、たまたまこの寺の住職が囲碁友達であったから頼んだのである。7月の盆、祖母は私を連れていつも墓所に行ったものだ。私は当時誰がおさめられているのかも知らずに祖母について行った。もうしばらくすると夏休みになるのを楽しみにしながら。

　祖母は私を非常に可愛がってくれた。そして現在考えると私の人生指針はこの祖母によって成り立っているように思う。彼女は結婚前、神奈川奉行の家に行儀見習いにいっていた。それが誰であったか知らないが、当時のエリート官僚である。そこで立派な男はいかに生きるべきかを見聞したのであろう。今思うとこれはまさに孔子の言説と言われている孝経「身を立て道を行い、名を後世に揚げて、以て父母を顕すは孝の終わりなり」これであった。祖父秀哉は私が知った頃にはすでに積極的に生きる気持はなく、友人相手に碁を打ち、時々は二階に上がって自分流に謡曲をうなっていた。最近私もこれに似たのか、入浴等で気持ちよくなると、うたが出るが無論それは謡曲などではなく、イタリア民謡等だ。

　私は小学五年の時まで祖父母と同居したが、それからは一回も会っていない。祖父は８３歳（1927年）、祖母は９０歳（1939年）まで生きていた。戦中のきびしい時代の前に人生を終えたのはよかったと思っている。

2. 父母のこと

　父は明治16年（1883年）に生まれた。

　父の青年期はまさに日本近代教育制度整備と平行していたようである。横浜は新開地であり、一方外国人がたてた学校等もあり、公立学校の整備は案外おそかった。父は尋常4年高等2年を終わったが、横浜には県立中学が無かった。そして一年後に神奈川県立中学ができるというので一年待っていた。その間英語塾に通っていた。これがよかったようで、彼は一番（自称）で神中を卒業した。明治34年（1901年）である。そして東京の第一高等学校に入学した。入学した時、彼は岩手県から来た小野寺直助氏と会った。そして「おれは神中を一番で出てきた」といったら彼は「おれも盛岡で一番だった」と言ったという。以後彼とは親しくなり、後年父はいろいろとお世話になる。

　自信満々の一高入学だが、父の一高生活はあまりパッとしたものではなかった。その原因の一つは病気である。多分赤痢であったらしいが、それで勉強がおくれ、いつも学寮消灯時間までに復習が終わらず追いまくられていたようだ。

　当時高校は大学の予科のような存在。卒業生全員が大学に進学できる。ただ進学には優先順位があり、そこで成績のいい者は、東大をえらぶ。そしてそれにもれた者が、京都さら

に新設の福岡等に割り当てられる。ところが父の卒業時、一変事件が起こった。ある教師が、東大集中の立身出世主義を批判したのである。若者の頭は敏感である。そうだというので優秀な医学志望の一高生２７人が、新設二年目の九州大学、当時の京都帝国大学福岡医科大学に入学したのである。これは美談として今も語り伝えられている。

　当時東京から福岡まで可成りの旅行である。父の話によると、福岡志望の一行は神戸まで汽車で来て、神戸から船で門司へ。そして又汽車で福岡へ。神戸で一泊したとはいえ４日もかかっている。

　ただ父の話では、２７人全員が優秀生であった訳ではない。無論後に九大教授となる小野寺、大平等は優秀生だが、おれなどは有無をいわせず九州行きになったと思うと苦笑していた。なお父は大学入学と同時に海軍委託学生になった。当時帝国大学医学部の卒業生は現在から見ると、驚くほど優遇されていた。地方に行ってすぐ県立病院長になった人もいる。そのため階級制度がきびしく、兵隊相手の軍医にすすんで行く人は少ない。そこで学費等を支給して人材を募集したのである。貧乏医者の息子である父も、それに応じたわけである。海軍を選んだのはやはり開港地横浜育ちこれが大きかったと思う。この給費のため、父の学校生活は経済的には非常に恵まれていた。

　ここですこしあとがえって、父の育った明治２０年代の神奈川町の状況を書くことにする。父は晩年「私の俳文」という小冊子を作り、知人等に配布した。その中で郷里神奈川に

ついての記述がある。よく整理された文章なので引用する。
「神奈川、東海道五十三次の一駅、……街道は東北から西南に貫き、西北側裏手には権現山と呼ばれる小丘があり、南側は海に開けて対岸の漁村と共に遠く房総を眺める……この海こそ版画家葛飾北斎が……ものした浪裏富士の在所である。

この対岸の漁村こそ今の横浜の前身である。安政6年に開港……平坦な市街地が作られ、……最も顕著な埋め立ては……神奈川と横浜を直結した工事である。明治5年9月に新橋と横浜との間に汽車が開通し、鉄路は……横浜駅（今の桜木町駅）に達している。

神奈川は私等が俗に二ツ谷川（ふたヽや）と呼んでいた小流により東西に二分せられ、其の東部を神奈川町の神奈川、西部を神奈川町の青木町と云って、此の川へ架せられた街道の橋を滝ノ橋と云っている。此の橋の近く青木町にいわゆる本陣があって、私の家はこの本陣の斜め向こうにあった。明治１６年２月に此処に生まれ１８歳迄住んでいたので此の付近の記憶は今尚鮮やかである。右隣に因幡屋という小間物屋があり左隣には天麩羅屋があり、佐野茂という蕎麦屋、糸屋、煙草屋、茶舗、畳屋と小さな平屋が列んで、次に当時名物であった亀ノ甲煎餅屋があった。我が家の真向こうには橘理久という菓子屋、右斜めに柏屋という鮨を得意とする料理屋、更に牛又という牛肉店、茅鎌という蒲焼屋、次いで名古屋という一流の料亭があった。左斜めには米屋と近熊という酒屋があり、次に町役場があって其の裏が本陣である。本陣の鈴木利貞サンが長く町長サンを勤めていた。

私等に親しい店は理久と佐野茂だ。種々の饅頭が一個５厘で夫れも相当大きかった。……蕎麦はモリとカケがあって、何れも１銭５厘だったが２銭に値上げになったと思う。尚滝の橋の袂には半七という焼芋屋があっておなじみだった。１銭で８個乃至１０個……だったが段々高くなって行った。酒飲みは昔から多いので酒屋には、夕方になると鼻汁を垂らした子供が片手に口の破れた一合壜をさげ、片手に銅貨若干を握って後から後から来た。四角の桝の角からさも美味しそうにぐびぐび喉を鳴らして飲んでいる労働者も多かった。……天麩羅屋も蕎麦屋も腰掛茶屋を一歩踏み出したものに過ぎない。もっとも菓子屋と鮨屋と蒲鉾屋は若干高等で亀ノ甲煎餅屋に至っては宮内省御用の馬車が停まった。」

　これが父の少年時代明治３０年頃のことである。祖父秀哉はすでに５８歳、どうも木村の血筋は欲が少ないようで、彼もさらに生き方が消極的となり、神奈川の町並みから外れた二ツ谷川をのぼった現在のＪＲ東神奈川駅西側の地に屋を移した。明治３４年のことである。二ツ谷町９０３番、私はここで大正５年（1916年）に生まれたのである。

　現在この辺一帯は第二次世界大戦の戦火にあい、完全に変わっている。唯かつてのドブ川はきれいになっている。

　父の話にもどる。明治４１年１月に大学卒業、１２月に任中軍医、４４年１２月に大軍医。この間呉・横須賀等の水雷団勤務等、ここで注目すべき事は、呉勤務の時、若い士官として市内で下宿したことである。下宿先が荒川という味噌屋であった。その親類が遠藤酒造である。

当主傳右衛門については、明治４３年に呉公論社より発行された「呉」の人物略伝（５５人）に次のような記述がある。嘉永６年生。

「肥料としての石灰商を営み巨利を収め、後酒類……其の需用多きを知り醸造業を創めり。是れ実に君が２２歳の時、今より３５年前……本市に於ける酒造家中、君は最も古き歴史を有す……君は株式会社沢原銀行等々の重役……多大の尊敬を払われつつあり、……君浄瑠璃を好み、練習功ありと。」
当時すでに５０歳代である。

私の母キクノはそこの三女であった。当時まだ見合い等の時代ではない。特に女性の場合は親のすすめで大半きまる時代だ。母の話によると、ある時荒川家に物を持参するよう言われたので行った。それを荒川家に横浜から来ていた祖母イトとまだ生きていた七枝が、二階の窓からどんな娘かと見ていたというのである。明治４４年のことだと思う。

ここに面白い書類が手元に保存されている。海軍省に出した結婚許可願書である。

明治４５年６月当時律郎は横須賀工廠付、願書は当時の男爵海軍大臣斉藤實あてである。横須賀鎮守府司令長官瓜生外吉の不都合無之に付という署名が達筆で書いてある。そして参謀長、工廠長、軍医長、副官等多数の印鑑が押してある。よそごとだが瓜生長官の夫人は有名な日本最初の女子留学生の一人繁子である。

当時海軍士官は結婚の時、海軍省の許可が必要であった。この規定は終戦時まであったと思う。次のような話を聞いた

ことがある。相手女性が水商売で不許可となり、そのため海軍を辞めた純情男もいたと言うのである。無論父の場合は別に文句もなく、許可の印がおしてある。

　父はその後練習艦隊吾妻乗組となりオーストラリア一周の航海に出る。明治４５年６月そして帰着は大正２年４月である。そして５月まで横須賀にいた。この間に結婚したのだと思う。神奈川の家の玄関前で二人が写った写真がある。二人が１メートル位はなれて写っている。二人仲よく手をつないで等いう時代ではない。婚姻届は７月２５日となっている。とにかく５月末には舞鶴工廠付となり、さらに１２月に小砲艦淀の軍医長となった。翌大正３年淀は第三艦隊に編入され、革命後不安定な中国へ派遣され上海行きとなる。そしてこの年第一次世界大戦が始まり日本も参戦、淀は当時ドイツ租借地、軍港であった青島封鎖作戦に参加することになった。ドイツ東洋艦隊はすでに青島脱出後であり、砲戦などなく１０月には呉に帰着、さらに残務整理のため再度青島に行くが大正４年には帰国し、大正５年４月海軍省医務局員となる。そして大正６年軍医少監（少佐）となり、これ以後昭和６年５月海軍兵学校軍医長に転任するまで１４年間、ドイツ留学等をはさんで、海軍医務行政・教育の中枢で勤務することになる。神奈川の自宅からの勤務、軍服姿は祝日等だけ、平素はいつも背広で一般サラリーマンと変わりない姿だった。

　この間昇進はいつも同期で一番早く、大正１４年大佐となった時はまだ４２歳であった。当時大佐の年俸は４１５０円、月にすると約３４５円。なお少佐は１９４円。これを当

時一般民間人と比べると一般労働者は月３０円、サラリーマンも中卒で４０円〜１００円、大卒７０円、帝大卒初任給１００円と比べると非常に恵まれている。

3．生まれた頃の世界と日本

　１９１６年（大正５年）１１月４日に私は生まれた。現在の横浜市神奈川区、当時は横浜市、二ッ谷町９０３である。今考えると、これは第一次世界大戦の真っ最中、ベルダン要塞の攻防戦。そして年末にはソンム戦で英軍が初めて戦車を使用した年でもある。まだ双方の優劣はわからず文字通り、ドイツと英仏の死闘が続いている。しかしヨーロッパから離れた日本は参戦したとはいえ国内は平和そのものであり、やがて軍需景気に潤うことになる。戦争は国力を競う総力戦であり、大消耗戦であった。そのため戦場から離れた日本は、英仏等への供給基地となり、何を送っても売れることになった。日本の貿易は日露戦後大体いつも輸入超過であったが、開戦２年１９１５年から出超となった。一般にも金がまわり庶民にも潤いが回ってきた。

　私の家は父は海軍の軍医、そして祖父は老年であったが、まだ開業医としての仕事もしており、直接社会の好・不況とは関係なかったが、とにかく明るい社会雰囲気の中で私は育ってきた。だが海外交流が多くなるといいことばかりでは

ない。私の幼児記憶の一番始めがスペイン風邪の話から始まることになるが、その前に、家の間取りと周辺の状況を示しておこう。

　うろ覚えだが大体あっていると思う。この家は明治末に建てられた。なお南側の５畳と８畳は大正１０年頃の増築である。

　裏門を出ると２メートル程度の小路、表門の方は今で言えば自動車がやっと通れる位の道、其の先に二ツ谷のどぶ川が流れており、川の向こうは文字通りの六軒長屋。各家とも表裏に通じる１メートル程度の土間。私の家からよく見える。夏など入れ墨男が半裸体で酒を飲んでいるのがよく見えた。

第 2 章

大正期のこと

1．大正スペイン風邪の話１９２０年４歳

　私の頭の中の一番古い記憶は、スペイン風邪で横たわっていた時のことである。記憶というより漠然とした印象と言った方がいいであろう。
　場所は図示した現在の横浜市神奈川区、ＪＲ東神奈川駅近くの住居である（二ツ谷９０３番）。スペイン風邪と言われたインフルエンザは二回猖獗したのだが、多分後の時（1919年暮～1920年春）であると思う。
　幼い子供の頭の中に残っている印象は朝になっても誰も起き上がらず、暗い中で寝ていたことだ。当時の家は一番外に板の雨戸があり、その内側が半間幅の廊下、その又内側に紙張りの障子、その内部が畳敷きの部屋。これが多くの家の構造であった。それだから朝になると、先ず起きて廊下に出て雨戸を押し開けて戸袋に入れる。これが一番の仕事であったが、誰も発熱して起きる元気がなかったのだ。今の人は思うだろう。なぜ電気をつけぬのかと。
　当時は横浜のような先進地でも電燈がつくのは夜だけ。要するに発電所は夜だけ石炭をたいて電気を一般家庭に送っていたのだ。そのため天気の悪い日など日中でも室内は暗かった。

それだから書見の机などみな廊下側においてあったものだ。

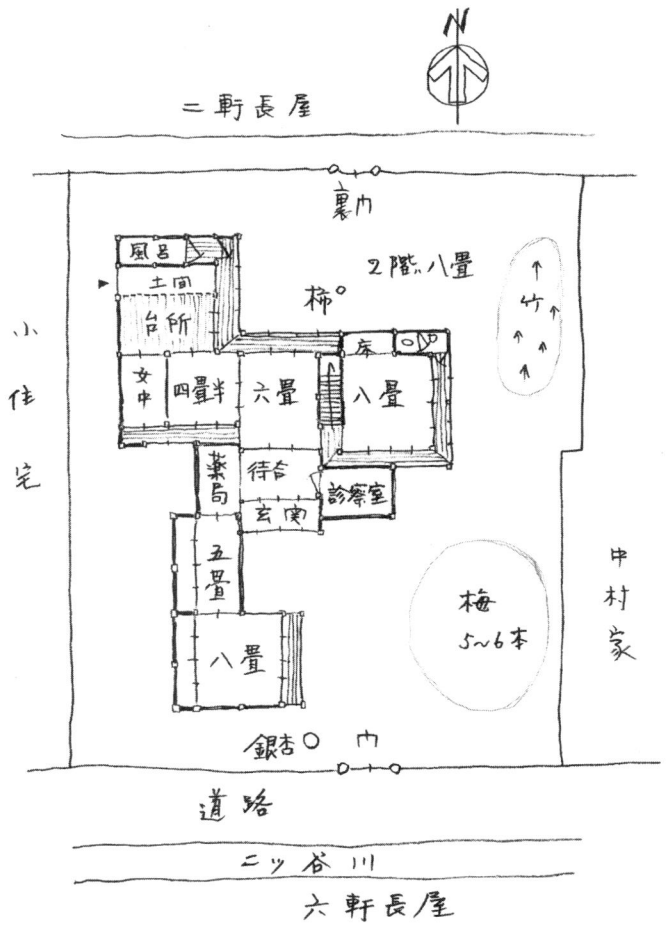

電気が一日中くるようになり、希望すればメーター制に

なったのは、関東大震災後であったと思う。それまでは電気会社から支給される電球一燈につきいくらと料金が決まっていた。それだからどの家も電燈は限られ私の家でも、座敷、居間、厨房と三つであったと思う。それだから夜の暗いトイレは子供にとって恐い所であった。

　話が余談になったが、とにかく当時はインフルエンザの予防注射などなく、暖かくして、消化のいい物でも食べて、じっとしている以外ない状態。実は私の祖父は先にも書いたようにヘボンに習った医師であり、幸い誰も死んだ者はいなかった。

　当時の記録を調べると全国死亡者は４５３，１５２人。内神奈川県は前期４，２５５人、後期３，７８８人合計８，０４３人、死亡率５．１４であった。日露戦争の死者約８４，０００、関東大震災１４０，０００。これらよりはるかに多い数字であり、社会的大事件であったことがわかる。

　暗い思い出ばかりだったがそうでないこともあった。夏海水浴に行ったことだ。それも町のすぐ側の海だ。当時は京浜間にもまだ自然の砂浜が残っていた。子安のあたりだ。又漁村もあり、祖父の治療の代わりに時々漁業者からは魚介類が届けられていた。

2．水害のこと

　父が留学不在の時、次のようなことがあった。ある夜ふと目をさますと、いつもと違った所に寝ていた。そして近くに家人でない人がいる。次第に状況が判ってきた。自分等子供が寝かされていたのは、我が家の二階で、我が家の前の川が急激な増水で、危険を感じた母が、子供等3人を布団ごと二階に運んだらしい。後から調べると、床上1メートル程度まで浸水したようである。隣人が来ていたのは、近所には二階があるのは我が家だけ、要するに、我家の二階に泳いで逃げてきたのだ。川幅5メートルくらいの小川が、このように増水した原因の一つは、海の満潮と重なった結果であろう。なお子供はまだ怖さを知らない。当時憶えているのは、次のようなことだ。二階から見ると雨は止んでいた。下を見るとちらちら光って見える。水なのだ。ふと立ち上がった祖父が二階廊下の端まで行って、ちょっとこちらを見ると、外に向かって放尿しだした。自分にとって何か面白かったのであろう。洒脱な祖父の行動、今でもよく憶えている。

　横浜近代史総合年表によると、この水害は1920年（大正9年）9月30日のことである。

　その後家にまで水が来たことはなかった。しかし門前の道路の浸水は度々あったが改良されたことは無かった。戦前の

都市周辺の整備状況はこのようなものであった。

3．父の海外留学

　父は前述のように海軍の軍医であった。１９０８年（明治４１年）京都帝国大学福岡医科大学卒業。同年１２月海軍中軍医（中尉）任官。彼が下っ端士官から出発しなければならぬ海軍を選んだ最大の理由は前述したように、海軍入りを前提とした学費援助、これが大きかったと思う。無論当局もこの人達を相当優遇していたことは確かである。同時に中軍医に任官された人９人。うち４人が後年少将になっている。

　父は１９２０年（大正９年）３月スイス駐在を命じられた。当時は第一次世界大戦が終わったばかりである。前年６月にベルサイユ講和条約が調印され、やっと戦時が終わったばかりである。

　当時の欧州への旅は現在から見ると、気の遠くなるような話である。５月１４日門司乗船出発、６月２５日マルセイユ着である。すぐパリに列車で行き皆と同様パリ見物。その後いよいよ一人となりスイスに向かっている。

　彼がマルセイユに上陸し、パリに行きその後すぐドイツに入らなかったのは何故か。その理由は当時の西欧の状況を見るとよくわかる。前年６月にベルサイユ講和条約が調印され、第一次世界大戦が終了し、やっと平和が戻ったばかりである。

敗戦国ドイツは戦争の痛手で社会は混乱していた。3月には有名な退役将校等によるカップの反革命クーデターが起こっている。まだ入国留学出来る状況ではなかったと思われる。

　彼はこの年スイスに入国、チューリヒ医科大学に留学している。ドイツに入ったのは翌1921年（大正10年）である。そしてベルリン大学に一年いた。当時の西欧の状況については、私が幼かったこともあるがあまり何も聞いていない。ただ戦勝国日本と敗戦国ドイツの為替の関係要するに円高で、この留学生活は非常に恵まれていたようだ。彼がピアノを購入して送ってきたことでもそれがわかる。当時は横浜でも小学校ではピアノは殆ど無かった時代である。それから食生活でも多少の変化があった。彼の帰国後自宅では昼食は食パン、バター、ジャム、それにチーズも加わった。しかし衣類については、ずっと家では皆着物を着ていた。そして彼が一番感じたことは、自分の専攻が衛生学であったこともあり日本の社会資本（インフラ）整備のおくれであったようだ。

　当時、日本は都市であっても、公共下水道は全く無い。みな汲み取り式の便所ばかりだ。自宅から100メートル弱の所を、神奈川北部に行く道路が通っていたが、この道路の名物は、下肥の桶を積んで往復する牛馬車の行列であった。悪臭、そして無舗装の道路での牛馬糞。雨が降ればきたない泥土となり、乾けばそれが舞い上がる。しかし生まれてからその状況の中で育った当時の我々は特にどうと感じることもなかった。

　父は医者、それも衛生学者であったから、この日本の状況

に眉をひそめていたが、自然科学の範囲にとどまって、日本社会の近代化への遅れを社会科学の目から考えることには、あまり関心は無かったようだ。唯最近彼の残した本の中に産児制限関係の物があるのを知り、社会問題に全く無関心では無かったのかと思った。

　当時日本が貧しいのは国土が狭く、人口が多いからだと多くの人が信じていた時代だったのだ。そしてそれが、やがて、大陸進出侵略へとなっていくのだ。

　なお父の2年余の不在は幼児から子供への成長期の私に大きな影響を与えた。幼児の時甘えて抱きついていた状態は一変した。帰朝後の父と私の関係は教師と生徒の関係に近くなり、かしこまってしか父に話しかけられず、この関係は戦後私が何とか一人前の絵かきとなるまで続いた。

4．関東大震災のこと

　1923年（大正12年）9月1日の大震災。住居は先に記した東神奈川駅の西側。当時私は二ツ谷小学校の一年生であった。後から考えるとこの時から私の記憶は非常に鮮明になった。入学の時のことはあまり明確に憶えていない。ただ普段の着物ではなく、上衣にズボン姿だ。しかし当時でもまだ着物にきたない袴の子も2、3人いたようだ。無論女の子は着物の方が多かったと思う。勿論当時は男・女クラスは別

だから女子のことはよく知らない。

　９月１日その日は朝から生暖かい風が吹き、雨が降り、あまり気持ちのいい日ではなかった。今考えると、関東南方海上を台風が通過した影響であろう。昼頃一応雨は上がっていた。二学期の始業式。学校は授業はなく帰宅した。今でも関東地方では可成りの揺れの地震が時々あるようだが、子供の時のうろ覚えで、私もそれを憶えている。しかしこの時まで地震で外に飛び出したことはなかった。

　だがこの時は違っていた。そろそろ昼御飯の時と思っていた時、突如として激しいゆれ。居間にいた自分は廊下から庭に飛び降りたが、家から約１メートル位の所でもう揺れのため一歩も歩けない。同時に飛び出した母が、「こっちに来い」と叫ぶが、ふらふらするばかり。幸い家は瓦は落ちたが、倒れず助かった。水溜まりの水が５０度位まで揺れていた。とにかく這いつくばってよたよたするばかり。激しい揺れはしばらくして止んだ。母、姉、自分、妹の四人は家から離れて、すこしは安全な道路に面した生垣の内側に身を寄せた。生垣の外側には近所の長屋などの人（大半女性）が身を寄せていた。そして何分何秒が経った。そこに第二の揺れが来た。

　当時の状況は今も鮮明に覚えている。生垣の道路側に這いつくばって避難していた人達が一斉に、「南無妙法蓮華経」と御題目を唱えだした。その声は揺れが激しくなると、大きく悲鳴に近くなる。火煙のためか、太陽は鈍く光り、空は紫色に映った。まさに地獄絵巻そのものである。

　だがその時、私の心の中に不思議なことが起こった。地震

の揺れはあまり恐くなかった。子供にとってブランコに乗っているのと、あまり変わらなかったのかもしれない。それより私が驚いたのは、平常静かに行動して私を坊っちゃん坊っちゃんと頭をなでて呉れた大人たちが、子供のように泣き叫ぶのに驚き、大人も自分と変わらぬ、時には自分以下の精神状態になるのを、まざまざと目の前で見たのである。私の精神状態が成人と変わらなくなった。正に自己確立自我の獲得の一瞬であった。暫くして一応揺れは治まった。私たちはより広い表の庭に避難した。祖父母はそこに避難していたが、それだけでなく、近所の4、5組の人も来ていた。この近所は狭い家ばかりで、庭のあるのは我が家だけだったのだ。面白いことだが、こんな時一番安心できるのは樹木のある庭だ。揺れた時はそれにしがみついて居ればいいし、地が崩壊する心配はないからだ。

　近くではないが火煙が諸所に上がっている。大人たちは今の内に山の方に避難したらとの話もあったが、結局ここにとどまった。幸いこの一帯は延焼を免れた。その大きな原因は、古くからの東海道の街道町の西側に国鉄が四車線もあり、これが防火帯となって、神奈川町の方からの延焼を防ぎ助かったのだ。

　食料の略奪等も一部で行われたようだが、少し利口な店主は、その前に積極的に人々に店の食物を配ったようだ。我々の所にもパンが回ってきたのを覚えている。警察は全く無力だ。彼等は一般サラリーマンと大体同じで、食料等の自給設備を持たぬ。日帰りの勤め人なのだから、継続して活動する

ことが出来ない。人々の不安、そこに朝鮮人が井戸に毒を投げ入れたとの話が伝わった。冷静に考えるとあまりに出来すぎた話ではないか。当時この一帯は既に上水道が普及しており、井戸を使用している家は無かった。しかし地震により水道管は処々で壊れ、たちまち井戸に皆の目が向けられたのだ。我が家も庭の一隅に井戸が残っており、そのあまりきれいでもない水にしばらく頼ることになったのだ。

　おそらく長い間使用していなかった井戸の水、その濁った水を飢えた人が飲む、そこからこの流言が起こったのであろう。実際私は家の前の道路を手を縛られた顔面蒼白の男が、棒切れを持った男に引き立てられて行くのを見ている。

　ただ夜に入り、横須賀からの海軍部隊が上陸し皆幾分安心したようである。ただ港の方は火災で明るく、時々石油タンクの爆発音が我々の方まで聞こえてきた。

　その夜中過ぎ、父は東京から歩いて帰ってきた。父は帰朝後、勤務先は築地の海軍技術研究所であり、地震後ここは一応心配なさそうなので帰ることになった。確かに家のことは心配であったろう。家にいるのは７９歳の父、７４歳の母。そして妻は妊娠八箇月の身重。子供は小学校３年、１年、そして４歳児。一人前の者は誰もいないのだ。築地から近い当時の国鉄新橋駅から東神奈川駅までは２５．１キロ。無論鉄道は不通。徒歩以外帰るすべはない。当時の一号国道は大体鉄路の海側を通っていたので、暗い中ここを歩いたのであろう。多摩川をどうやって渡ったのか等、私は一切聞いていない。しかし前方横浜の空は火煙に包まれている。当時の父の

心境が思いやられる。そして帰宅して全員無事だったので、一度に気がゆるんだのであろう。彼は可成り長い間出勤せず、反対に職場の同僚が心配して訪ねてきた。彼は自己中心となり、軍人としてこの非常事態に対処出来なかったことを後年まで恥じていた。職場は彼の帰宅後延焼して全滅。彼もドイツから購入してきた貴重な書籍のほとんどを失ってしまった。

　一家の庭での野宿生活が始まった。何日位したかはっきり覚えていない。庭に避難してきた人も一人去り二人去りで居なくなった。それに代わり、父の姉（遠藤伯母）が子供５人を連れて来て同居することになった。この伯母の主人は横浜の外国商館に出ていたが、９月１日出勤したまま行方不明。父もまだ火の燻っているような港付近を何日も探し歩いたが、遺体はおろか、遺品も見つからずに終わった。伯母は治安上の不安と心細さで、一時的に我が家に避難してきたのであろう。

　おかげであまり広くもない我が家は女中も加えて１４人、さらに１１月には母が出産して妹が生まれ計１５人の大家族となった。大人たちは大変だったろうが、自分にとっては毎日がお祭りのようで面白かった。いとこ達は全員年上なので、その影響でめきめき私は智恵がついてきた。

　学校がいつ頃再開されたのか明白に覚えていない。学校校舎は幸い倒れも焼けもしなかった。１０月には既に通学していたように思う。そして自分の記憶では、クラスで死傷した者はいなかったと思う。ただ不幸だったのは担任の先生は家

の下敷きになって死んだとのことだ。そして他にも包帯をした先生が２、３人おられたようだ。

再開された学校は自分にとって愉快だった。焼けた市街中心部からの移住で、神奈川地区は人口急増。そのため一クラス５０人程度だったのが８０人にも増加、学校は教室不足で我々低学年等は一時期、午前・午後の二部授業の時もあった。要するに教室はＡクラスとＢクラスとで一日二回使用された訳である。学校では時々、他地方から送られてくる菓子や文具が配られた。

我々元からの子供は、新入りの子供に対して何か多少優越感を持っていたように思う。もっとも威張ったのではなく多少ませた気持で、「あーだ、こーだ」と教えたわけである。

5．大正末期の推移

この時期子供であった私の印象は非常に明るいものであった。それは私自身一年の時はまだ四尺足らずの身長が、三年の初めには四尺二寸八分まで（128センチ）伸びていた。その成長期の元気さの反映であろう。一方京浜地方の灰燼の中からの復興。そのたくましさが背景にあったことも子供の気持を高ぶらせたのであろう。

神奈川のような近郊には住宅が急増し、そこに住む人は殆どサラリーマンである。その人達の子供が入校し、先に書い

たようにクラス人員が急増したわけである。

　ここで自分にとって面白いことが起こった。元来我が家は父が東京に通勤する軍人役人。それに国電二等車という上等のサラリーマン。だが周辺は下町で長屋、小商店等下層者がほとんど。その中で育った自分は山手住宅の新入りのサラリーマンの子供達より、近くの下層ハナタレ小僧の方に親近感を持っており、その代表のような立場になり得意になっていたと思う。

　小学校3年要するに反抗期、変なことを考えた。それまでの私はまじめに先生の言うことを聞く児童だったので、いつも操行評価は甲であった。だがそれがつまらなくなってきた。何とか操行を乙にしたいと思った。窓ガラスを割ったことがあった。そしてある時うるさく騒ぐ児童に先生が腹を立て、私外2名に「もうお前達は帰れ」と言った。さすがに3人、ちょっとしゅんとして校門を出たが、出た途端に元気になり「早く帰ったら家で怪しまれるぞ」、山の方に遊びに行って帰ろうと合意して近くの丘で遊んで帰宅した。それやこれやで期末の通信簿操行評価乙で、目的を達成した。しかしそれは一回だけで、4年になると又真面目になり優秀表彰されたりした。

　そう言えば当時は私鉄の多くが近郊に延伸中であり、東横線もその一つで、その工事現場等に行ってよく遊んでいたのを覚えている。国鉄も電化が始まり電気機関車に牽引された列車が、軽快な音を立てながら走り出していた。その頃はJRはまだ鉄道省時代。電車は省電と呼ばれていた。その省電

の東京駅と上野駅間が開通したのもその頃だった。東神奈川駅から電車で上野駅まで行って、動物園に行ったのを覚えている。なお震災前省電は東神奈川、神奈川、横浜、桜木町で、ここが終点だった。しかし震災後横浜駅が若干東京寄りとなり、距離的に近い神奈川駅は廃止されたのである。その所在地は旧一号国道が鉄路をまたいでいる、そのすぐ南側だ。なお北側はいわゆる神奈川台で、そこを鉄路が切り通しで走っている。その切り通しのような部分は今も（1980年頃）私の幼時と変わらない。なお当時私鉄の京浜急行線は品川から神奈川までで、駅は旧国道のすぐ南側にあった。小さな車体の一輌の電車が往復していた。又ここは市内路面電車の出発点でここから弘明寺行、根岸行、本牧行等市内各地行の電車が出ていた。鉄道だけではない。国道一号線も大拡幅が行われ、１８間道路と言われていたように思う。１８間なら３２米だ。こんな広い物をと思っていたが、車も漸次増加しもう子供の遊ぶ場所ではなくなっていった。

　この震災復興時代は又デパートが都市の中心になる時代でもあった。横浜にも野沢屋があった。今と比べるとどこのデパートも小さな物だったと思うが、それでも他の店では見られないような商品が並べられてあったようだ。だが子供心に今も覚えていることがある。それは入口に下足番がいて、そこで履いてきた物を脱いで店に入ることであった。デパートの客は今もそうだが女性が大半だ。そして当時の成人女性は殆と着物だから下駄履きだ。そして当時は未舗装の道路が殆とであるから、汚れた土足のまま入店されてはたまらない。

下足預かりも当然であったと思う。

　デパートや都心部のしゃれた店には洋品（外国製品）が並んでいた。当時と現在では外国製品に対する日本人の感覚は一部西欧ブランド製品は別として、全く反対である。

　現在は食品、衣料、器具等、日本製は上等だが高価。外国輸入品はあまり信用出来ぬが安価。これが一般の常識だ。しかし当時は違う。外国製は上等だが高価。国産は安いが不完全。これが一般人の常識であり又事実であった。一例を挙げるとベルト開封式の缶詰。国産品はベルトを巻き上げていると途中で切れてしまう。仕方なしに道具を使用し缶をこわして開ける。中味の汁がこぼれる。いつも腹を立てていた。外国輸入品は最後まできれいに巻き上げて終わり。しかし高価なので日常食品としては手を出せない商品だった。とにかく外国製品は上等だが、一般庶民は手が出せぬ高級品だったのだ。それどころかチーズなどは、日本製は殆ど無く外国製ばかり。庶民にとって見たこともない食品だった。これが外国に一番近い開港地横浜での状況であった。地方の状況がどんなであったか想像出来るであろう。私はその地方の状況のいくらかを、やがて見ることになる。

　父は三男、いつまでも父母と同居は出来ぬ。もう自分の家を持つべき時期に来ている。一方東京は大震災後膨張し、住宅地域は玉川地域にまで拡がってきた。私電も延長し、渋谷から横浜まで東横線が開通した。父もその地域に関心を示していた。当時は土地も家も現在から見ると相対的に安いもの。家より自動車の方が高い時代だ。高給取りの父に家の取得は

それほど困難なことではない。もしその時東京近郊に住居を確保していたら、私の人生も全く違った状態になっていたであろう。だが事態は違った方に急転した。

6．母の実家への旅行

　少し前に戻るが小学校2年と4年（1924年と1926年）の二回、夏休みに私たち家族は母の実家、広島県呉市を訪ねることになる。当時は国内交通は鉄道の時代、横浜、広島間は特急で約１８時間半、急行で約１９時間半。大多数の庶民が利用する普通列車なら２８時間半もかかる長旅の時代である。

　現代なら丸一日かければ世界中どこにでも行けることを考えると、これが子供にとって、どんな大旅行であったか想像できると思う。我々一家は贅沢だが寝台列車だ。二等の寝台車は中央が通路で、進行方向に向かって並び上下二段である。こんな列車で旅行するのは、当時一般庶民から見れば大変贅沢である。それでも今の人には耐え難いかもしれない。東京発下関行きの特急列車に横浜から乗車する。午後8時頃である。列車は暗い中を西に向かって走りだす。冷房など無論ない。そして牽引するのは蒸気機関車。暑いから風を入れるため窓を開ける。煙が入ってくる。それを防ぐため網戸があるのでそれを閉める。風の入りは不十分で蒸し暑い。外の騒音

が入ってくる。とても寝られたものではない。

　とにかく列車は西に向かって走る。小田原を過ぎ、当時はまだ丹那トンネルは工事中。そこでいよいよ箱根の山越えとなる。現在の御殿場線である。

　蒸気機関車は上りに弱いから、列車の後尾にも機関車がついて、前後二台で坂を上る。山北から本格的な上りになる。幾つものトンネル、列車の窓を完全に閉めていない人もいるので煤煙が車内に入ってくる。とても寝てなどおれる状態ではない。そしてやっと御殿場に着きここからは下りとなり、一息つく。国府津、沼津間約２時間かかる。現在新幹線だと小田原・三島間はたった２２分だ。まさに隔世の感の言葉通りだ。

　列車は平野部に出てスピードを増す。車外から涼しい風が入ってきて、うとうとする。ガタンガタンと連続的な音、鉄橋だ。大井川・天竜川の長い鉄橋通過を夢うつつで過ごす。名古屋を過ぎると明るくなりだす。しかしその先に難所がある。関ヶ原の上りだ。機関車前後の二台で通過すると、米原駅だ。東海道一番の大駅だ。朝７時、機関車入れ替え等で６分停車。降りてホームにある洗面所で顔を洗う。鼻から真っ黒な鼻くそが出てくる。その後朝食の弁当を買わねばならぬ。当時車内販売は無かった。食堂車はかたくるしい洋食定食。子供には無理だ。ホームには弁当売りが、肩から弁当を山のように積んで売りに来る。それを買う。そして今一つ必要なのはお茶だ。これはビニール等無い時代だ、瀬戸物の茶瓶だ。持って帰れば結構使えたと思うが、客は皆廃棄していた。弁

当は当時は二段箱で、上が御菜下の箱には米飯がいっぱい詰まっていた。軽くお椀3杯分はあったと思う。当時の人は残すことなくそれをみな食べていたのだ。

　列車は琵琶湖畔を走り、東山トンネルを抜けると京都だ。ここから乗客が多くなる。大阪に着くと私たちには珍しい関西弁がやかましい。山陽線に入る頃には、子供の目も疲れて、車窓風景の印象もうすくなる。それでも尾道のまるで河のような海岸風景は忘れられない。糸崎で又列車は一息つき、最後の山間部に入る。八本松の上りである。ここでも機関車は二台。そこを越えてやっと広島に着く。すでに夕方だ。呉線で呉に着く頃にはすでに薄暗い。駅からは横浜では既に見かけなくなった人力車に乗って、母の実家に着いたように記憶している。

　呉に滞在中は近くの天応海岸にある母の実家、遠藤の別荘で、日中の半分位は海で遊んでいた。遊び相手には不足しない。いとこ、ふたいとこ等々。そしてあっという間に夏休みは終わり、真っ黒に日焼けした体で帰宅することになる。当時は日焼けして赤黒くなれば健康と考えられていたのだ。ただ大勢と別れて帰るのに、不思議と寂しさを感じなかった。やはり自分は横浜という大都会の子供だったのであろう。

　帰路は遊び疲れもあったのであろう。あまり強い印象も残っていない。その中で途中ホームでの土産物買いで明確に覚えている物がある。浜松の浜納豆と沼津のわさび漬だ。

　二度目の呉行きの年。子供の自分には何も判らなかったが、後から見ると、日本にとって大きな変わり目の始まった年で

あった。この年（1926年）大正天皇が亡くなり、年号は昭和となったのである。

7．大正から昭和へ

　今考えると、この１９２６年前後は、日本にとって大きな分かれ道の時であった。この時日本の政治指導層も、又それを支えた国民も、世界の時代推移をよく考えて行動しておれば、あの悲惨な戦争、そして敗戦を経験することなく、現在のような平和国家になることも、あるいは可能だったのではないか。その思いを私は強く持っている。しかし現実は全く違った方向に日本は向かっていく。それがこの時期であった。この時一体子供の私は、何を見、何を知り、何を考えていたのであろうか。

　大正天皇の死により、新しく昭和時代に入る。一時的には、何か明るい感じもしたように子供心にも感じていたが、社会全般にはその感じはなかったように思う。大正天皇の死、それは一般国民にとって悲しいことでも何でもない。ただ悲しそうな素振りをしておらねばならぬだけの事であった。

　当時御大葬と言われていた葬送の時歌う湿っぽい歌を学校で習ったことを覚えているが、今は文句一つ覚えていない。そう言えばこの時代にはこんな事も時々あった。我が家は東海道線のすぐ側。動輪四つＤ型機関車が車輛７０輌の貨車を

引いて走る。一輌二輌と通る車列をよく数えていたが、今思うと、側を通る車輌の数を数えられる位、スピードはゆっくりであったのであろう。その機関車のはき出す煤煙のスス。これが干してある洗濯物に降りかかって汚す、と母はよく嘆いていた。

　だがその洗濯物を外で干すことの出来ぬ時が時々ある。それは天皇等の所謂「お召し列車」の通過時である。もし沿線で不注意な人が干していたら、巡査が来て、怒鳴り散らす。洗濯物を天皇が見て何故悪いのであろう。今考えると滑稽な話だ。警察も人民保護より、上に頭を下げる方が優先していた時代なのだ。庶民にとって皇室は、ふれると危険な爆発物のような物だ。うっかりしたことは言えない。大逆事件の影響がいかに大きかったかが判る。

　そう言えば小学校5年、教科に歴史が入ってくる。無論世界史等ではなく国史だ。天照大神等々、その後が神武、スイゼイ、アンネイ、イトク、コウショウ、コウアン、コウレイ、コウゲン、開化、とお経のように覚えさせられ、今でも覚えているが、漢字で正確に書けるのは神武と開化だけだ。そして何より可笑しく面白いのは、これらの天皇は皆驚くほど長命だ。9人中6人までが100歳以上生きている。子供達が先生に「本当にこんな長生きだったのですか」と聞いてもよさそうだが、そんな話は聞いたことがない。子供達が授業に無関心だったのか、それとも昔の人は長命と思っていたのか、それとも既に皇室問題には触れない方がいいとおしえられていたのか、私にはよく判らない。私自身は判らぬまま納得し

ていたように思う。要するにどうでも良かったのだ。ここらの問題の解明は、二十代になって黒板勝美『国史の研究』を読んでからだ。

　この時期は又政党政治が成立した時期でもある。若槻礼次郎（憲政会）、田中義一（政友会）、浜口雄幸（民政党）と首相が替わった。又田中内閣の時初めて、成年男子すべてが投票権を持つ普通選挙が実施された。日本も本格的な民主政治時代に入ったかと思われる時期であった。私は既に新聞を読み始めていた。当時の新聞はルビがふってあったので、理解は別として、読むことは小学生にも十分可能であった。そして子供心に得た首相の印象は、若槻は真面目だが融通の利かない、どこか頼りない小学校の校長のような人。田中は陸軍大将なのに軍人らしい明確な所のない、ずる男。浜口これは本当に国を思う実に立派な人だと思っていた。最もこれは暗殺されたための同情もいくらかあったかも知れない。

　この時代は又中国革命の後の中国動乱の時期でもあった。そして北伐開始、これにより欧米諸国・日本と軋轢が生じてくる。居留民保護等の名目で派遣された日本軍と衝突。所謂済南事件。新聞報道から子供心にいろいろ刺激を受けた。大きな戦闘もなくどんどん北進する国民党軍。大半は話し合いで事は決着。それから得た印象は、当時中国は日本では支那と呼んでいたが、要するに支那軍は弱い。おまけに降雨用にカサを持参。等々。彼等を馬鹿にした報道も多かった。その中で最終的に起こったのが、日本の関東軍による張作霖爆殺事件。だがこれに対する反応も、彼が日本の世話になってい

ながら、何のかのと文句を言うから殺されたのだ位の気持ちだった。これは私のような子供だけではない。日本の当時庶民はこの程度だったと思う。

　一方何となく恐かったのは共産軍だ。当時赤匪と言われていた。又当時は毛沢東が江西・湖南の省境井崗山に最初の革命根拠地を建設した頃である。その一部が長沙に進出した。当時このような中国内部にまで列強は手をのばし、長沙には日本の租界もあった。赤匪せまるとの情報により、日本は駆逐艦を急行させた。そして市内に進入し放火した赤匪を砲撃、これを撃退したと新聞は報道していた。しかし実際はこれと非常に違い、日本駆逐艦が市街を砲撃し炎上させ、対する赤軍は大砲も持たず、無念退去した。これが実状で、この真相を知ったのは戦後エドガー・スノーの本を読んでからである。

　後年日中国交回復後、この地方を旅行して長沙の湘江大橋を渡り歩いて、当時のことを思い、感無量だったことを覚えている。

8．大正期の衣食住

　大正時代記述の最後に、私の記憶にある当時の日常生活、衣食住について記述しよう。まず住についてである。当時の住居はすべて畳間、廊下、台所等の板の間、そしてカマド等のある土間からなっている。すべて畳一畳3尺×6尺が基準

である。住居6軒長家は、4畳半か、6畳程度の畳間と表裏通じた同程度の土間だけ。この土間で炊事もする。水場・便所は外で共用である。

　私の門前にもドブ川の先に6軒長家があり、夕食時など、上半身はだかの入れ墨男が、大の字になって、酒を飲んでいるのが、表口を通してよく見えていた。

　無論となり近所は2軒長家、独立家屋。一応玄関、板間、畳間、土間、便所等はあったが、水道は大半が近所十字路にあった共同水道を利用していた。そして日本人にはかかせない入湯、これは無論近くにある銭湯入浴である。そして庭のあるのは、私の所ととなりの祖母の里の中村家の隠居屋だけであった。このように近所には借家が多かったが、少し離れた神奈川駅付近には、商家等もあり、ここは以前からの祖父母、父母、子供、父の未婚弟妹といった大家族も多かったと思う。

　当時の生活は何といっても畳部屋が中心。朝まず雨戸を開け、そして敷蒲団、掛蒲団等を押入れに入れる。押入れは間口6尺、高さ6尺強、奥行3尺で上下二段になっている。下の段に寝具を入れ、上の段は衣類等収納に使用していた。早速畳の上をホウキで清掃、立てかけてあった机を部屋の真中にすえる。これで食事の用意が完了。一方母等は台所で調理。カマドは2つ。一方は羽釜のかけられる米飯用。今一つは副食用で、朝はまず味噌汁用だ。燃料は薪である。ここで母からこんな話を聞いた。初めて木村家の台所土間で薪に火をつける。その時マッチを2本使用したので、祖母から注意され

たと言うのだ。1本で両方のカマドに火をつけろと言われた
というのだ。当時マッチ1本でも節約、生活のきびしさが伝
わってくる。

　朝食は米飯、味噌汁、漬物、それに昨夜の残りの煮物が若
干でもあれば上々という状態である。昼食は大体、朝・昨夜
の残り物等。後日学校での弁当になった。ある時弁当のおか
ずに卵焼を母が作ってくれた。これを見た教師が「ホー卵焼
か」と言われて恥ずかしかったのをおぼえている。

　当時は卵焼は晴れの日の大御馳走だったのだ。反対に鮭の
卵等は安いもので、多くの子供の弁当箱にはいっていた。

　夕食はいつも少し遅かった。父が東京から帰宅してからで
ある。父が箸に手を付け、子供達はそれにならって食べだす。
そこはきびしく仕付けられた。夕食は御馳走である。米飯、
吸物、煮物、魚又は肉。そして父はよく震災後銀座に進出し
てきたデパートから、カマボコ等海産物加工品、そしてソー
セージ等肉加工品を買ってきた。魚料理も煮焼だけでなく、
油を使用したものもでてきた。母が料理講習会で習ってきた
カレイ一匹まるあげ。中骨以外パリパリおいしかった。当時
肉は牛・鶏で豚肉はなかった。ただ横浜は先進地で、有名な
焼豚屋があり、母は伊勢崎町等に出るたびに買ってきて食べ
ていた。又父が休日の日の昼食はパンになっていた。この状
況は私の生活に今日までつながり、昼はパンと今でもなって
いる。

　夜は暗かった。しかし電気は希望すれば従量制になり、５０
ワット等明るい電球も自由に使用できるようになった。それ

でも8時頃になると、母からもう8時ですよ、寝なさいと言われて、すでに敷かれている蒲団の中にもぐりこんだものだ。

　最後に衣服について覚えていることを書いておこう。当時はクリーニング店等はない。とにかく主婦にとって洗濯は一日の大きな仕事だ。朝食の後始末が終わるとまず洗濯だ。石鹸がどのように使用されだしたか等、男の子の私は知らない。

　衣服については、私は小学1年の時から、小学生用の上衣とズボン。冬期は母の編んでくれた毛糸の上衣を着ていた。そして1年生頃にはまだハカマの子も若干いた。母は縫物は上手で、私も家では母が仕立てた着物を大人になるまで着ていた。

　久留米に移ってからは久留米絣の着物を20歳ごろまで着ていた。女性の洋装が多くなり私の姉妹などずっとそうであった。

　とにかくテーブル・倚子のない、座ってすごす畳中心の簡素な生活、今と大きな違いである。

第 3 章

昭和初期の頃

1．広島県呉市での5年余

　父は1916年（大正5年）から1927年5月まで中央で勤務していた。その間海軍での位は大尉から大佐まで昇進していた。そして今回の海軍兵学校軍医長への転任である。この職は大した仕事もない閑職。左遷と言ってよかろう。だが当時の実状を見ると、この頃父はあまり健康でなく、度々療養届けを出している。要するに一休みせよということであったと思う。真面目一方の父、士官養成の兵学校向きかも知れない。尚当時ここの教頭は後の海軍大臣及川古志郎であった。

　江田島の対岸呉は母の実家であり無縁の地ではなかった。母と子供4人は実家所有の広い別邸に住むことになった。5月移転は季節はずれであったが、私は五番町小学校に入学した。

　父は一人で兵学校の官舎に住み、土曜日に呉の我々の住家に帰り、月曜日に出勤して行った。私達は何度も父に連れられて、日曜日に江田島に行き、海軍参考館等を見ている。渡船は小型水雷艇、呉の第一上陸場から出ている。父等上級士官が乗り込むと乗員が張り切って、煙突から火焰を出しなが

ら全速力で走航するのが愉快だった。

　一方私はこの頃から、次第に学校に馴染めなくなっていった。その原因の一つは横浜との学校の違いである。横浜の方は良く言えば自由、悪く言えば放任であった。例えば図画、横浜では近所の緑地に連れて行って、何でも描いて、それで終わり。一方呉では決まった物を写生させる。体操にしても、横浜は半分遊びのようなもの、何をしたかよく覚えていない。一方こちらでは列を組んで行進させたりする。全国的に見れば後者が当たり前だったと思うが、とにかく自分には馴染めなかった。それに五番町校はスポーツが盛んで対外試合も多い。思い出すと、隣組に後プロ野球で有名になる鶴岡一人がいた。頑丈な体で、親分肌。隣組なのに私にもよく声をかけてくれていた。

　私が学校に馴染めなかったのは、単に校風の違いだけではない。その頃から私の体は変調し出していた。頭痛が多くなってきた。そしてそれより当面苦痛だったのは腸過敏症である。食事して少なくとも３０分はじっとしていないと駄目。無理に動いたりすると、すぐに腹がぐるぐるといいだし、下痢症状となる。そのため昼食後すぐ体操となると、この時間割を見ただけでいやになる。現在ならこの実状を訴えれば理解されると思うが、当時はだらしがないと叱られるのがおちだ。それやこれやで学校は楽しい所ではなくなっていく。

　一方父は温暖なこの地方が体にあったのか元気になり、私の６年の時、聯合艦隊軍医長という顕職を一年間勤めることになる。

当時の司令長官は谷口尚眞、あまり人を褒めない父であったが、この人は偉いと言っていた。尚当時の参謀長は寺島健、後年東条内閣で閣僚を務めた人である。又後年日米戦で聯合艦隊を率いた山本五十六は当時航空母艦赤城艦長であった。父は彼が健康不順の時、長官の命で彼を母艦に見舞ったこと、そして精悍な感じの人だったと後年話していた。父は一年の艦勤務で又陸に戻り、呉工廠軍医長となり、海軍最後の一年をすごすことになる。

　その間私は学校に馴染めぬが、学業はそれほど悪くなかったのであろう。１９２９年３月小学校を卒業した。そして県立呉第一中学校の試験に通り４月ここに入学することになる。

　しかし中学校はさらに私には馴染めなかった。一年生からすでに教練がある。教官は予備の特務曹長。無論兵隊上がりだから中等教育等受けていない。そこで生徒が「万年特務」「万特」「万特」と言って馬鹿にしていたが、とにかく命令には従わなければならない。とにかく集団的訓練が自分は一番嫌いだった。

　勉強はあまりしなかった。それでも一年生の終わりの成績順番は２００余名中１３１番だった。読書能力があったからだと思う。だが２年に上がり決定的事件に出会うことになった。夏休みの終わり頃、疫痢に罹ったことである。夜間から猛烈な下痢。明け方には立つ気力もなくなっていた。幸い父が工廠の共済病院長も兼務しており、そこに担ぎ込まれ、何とか助かったが、約５日間位全く意識がなかった。１０月末

頃退院したが、初めは歩行も十分出来なかった。

　この間時の推移は早かった。１２月には父は少将となると同時に予備役となり、呉から広島への二つ目の駅天応の海岸近くに建てた家に住み、ささやかな医業をすることになった。年は改まり翌１９３１年（昭和６年）４月より私は中学２年をやり直すことになった。体は丈夫になったようだが、ここで私の以後を決する重大な事態が起こった。テンカン大発作である。何回も失神した。しかしそれは朝夕だけであり、学校では何ということは無かった。教師は何で時々休むのか不思議がっていた。しかし遂に私にとって決定的事件が起こった。二学期の終わり頃、教練の時間中に大発作が起き失神したのである。

　以来私を見る学校周囲の目は腫れ物扱い。それでも翌年まで何とか我慢して通学したが、とうとう２月のある日、校門まで行ったが、何としても門をくぐる気がせず、そのまま家に引き返して、父母に私はもう学校には行きませんと宣言した。昭和７年１５歳の時である。これ以後私は生徒として学校の門をくぐったことはない。再び校門をくぐるのは３０年以上も後に短大講師としてである。

　とにかく私はしばらく変な状態での開放感に浸っていた。

　ここで当時の私の家庭環境に触れておきたい。父は先にも書いたように先生の感じ。母は衣食等の世話は十分するが、特に関心が強いのは衣裳のこと。本など読んでいるのを見たこともない。とても人生相談する相手ではなかった。姉の芙じ子は唯一読書のことなどで話し相手になる存在だったが、

結婚して家から去っていった。下の二人の妹（美保子、雪子）はまだ無邪気な子供だった。自分は話し相手もなく孤独だったのだ。

２．満州事変前後の日本

　私が人生の大きな変動を迫られた時、日本も又大きく変わっていった。１９３１年（昭和６年）の満州事変の突発である。後からこれを１５年戦争の始まりと言っている。

　歴史的に見ると、近代以前の戦争では、勝利国は多くの領土資源を獲得し利益を得ることも多かった。しかし近代以後、戦争の様相は全く変わってきた。日露戦争で勝利したと自称していた日本も、多数の死傷者を出し、多額の借金をし、本当に利益を得たのであろうか。そして第一次世界大戦は勝敗に関係なく戦争の不幸を実証し、その結果国際連盟が成立し平和協調へと世界は進行した。それなのに日本は何故戦争行為にふみ切ったのであろう。

　当時私達庶民も子供も教えられ、そして信じもしていたのは次のような事であった。「人口が多く、国土は狭く、資源もない。大陸（中国）に進出する以外に生きる道はない」これであった。

　ここでこうなるまでの経緯を辿ってみたい。

　第一次大戦後、日本は極めて恵まれた国際情勢下にあった。

北のロシアは革命後のごたごたで、他国の事どころではない。米・英・仏等は日本が経済的に協調してくれれば、特に問題ではない。反対に日本もまだ経済力は弱く、米英等を排除する必要はなく協調して十分であった。1928年（昭和3年）各国の総歳出額対軍事支出の割合を見ると次のようである。

日　本	28.40%
英　国	14.21%
米　国	14.51%
仏　国	22.45%

　日本は軍事費を半減し、貧弱なインフラ整備に全力を挙げるべきなのだ。それが全く反対の方向に動いていく。

　当時我々一般庶民に教えられ、そして多くの人が信じたことは、先に言った、人口多、資源少、大陸侵出それであった。

　柳条溝事件（満州事変 1931年）はまさにその火花であり、それはたちまち広がった。後から見ると浜口内閣の緊縮政策は間違っていないと思う。しかし時期が悪かった。

　1929年10月、ニューヨーク市場株価大暴落による世界恐慌の始まりである。当時日本にとって最大の貿易相手国は米国で輸出の約42％、輸入の約28％を占めていた。米国の恐慌はたちまち日本輸出の生糸等に及び、1930年（昭和5年）の対米輸出額は前年比60％に激減した。不景気は我が家にも及んで、物乞いがよく玄関に来た。浜口氏もそして緊縮財政の井上蔵相も数年後に暗殺された。そして国際協調主義の幣原外相は軟弱外交と罵倒された。そしてこれらの事件も一般庶民には、ある程度当然のこととして受け止められてきた。時代の空気は変わったのだ。

そう言えば学校の空気も変わってきた。教練が重視され、陸軍から派遣された配属将校に嫌われたら、後でひどいことにもなるのだ。入営した時、幹部候補生となれず、初年兵として叩き上げられるのだ。とにかく人々には次第に戦火の火花が近くなってくる。一方軍需景気が次第に拡がり、乞食の姿が無くなっていった。

3. 九州への移住

　父は海軍退職後元来無欲の人でもあったので、呑気に暮らすつもりで、呉近郊天応で細々と医院を開業し、閑な時には、好きな魚釣りを楽しんでいた。しかし周囲はそれを許さなかった。又息子の病状も考え、今ひと働きせねばと考えたのであろう。何しろ年齢はまだ４９歳であった。学校に就職することになった。

　現在の久留米大学。当時設立されたばかりの九州医学専門学校。そこの衛生学教授としてであった。当時この学校の先生は殆と九州大学医学部卒業者であり、父もその中の一人として求められたのであろう。

　父を引き出すのに一番尽力されたのは高山正雄先生であった。父の大学生時代の解剖学の先生である。「俺のこと等よく覚えてくれていたな」という父の感謝の言葉を私は聞いている。又この人の奥さんは中浜東一郎（東大教授）の娘で、

東一郎氏は明治維新時に活躍した中浜万次郎の息子である。
　又この当時父の同学年生で九大に残った人は小野寺直助・大平得三・高木繁と皆九大教授になっていた。父にとってもこのように福岡は無縁の土地ではなかった。事実当時九州医専は研究室等も不十分で、そのためもあり彼は週一回多分土曜日であったと思うが、福岡に行って九大の大平衛生学教室を訪ねていた。
　若干後戻りするが、昭和７年４月から久留米に単身赴任していた彼は、その年の夏休みに我々家族を迎えに来た。そして夏休みも終わりの８月末我々家族も九州に向かうことになった。姉は既に広島に嫁しており、一家は父・母・自分・妹２人であった。
　荷物は多く貨車一台では足りず、二台分あったのを覚えている。今ならトラックで簡単に運べたと思うが、当時は遠距離は全て国鉄貨車であり荷造りも大変であった。
　当時の交通事情ものんびりしたものであった。今なら広島から福岡まで１時間半しかかからない。しかし当時は一日がかりだ。昭和５年発行の時刻表を見てみよう。当時はまだ関門海峡を連絡船で渡った時代である。乗り継ぎ時間等無視しても久留米まで９時間かかる。連絡船に乗るため長い下関のホームを重い荷物を持って、とぼとぼ歩いたのを今も覚えている。学校はやめ、これから行く先は全く未知の土地、誰も知った人はいない。これからどうなるのだろう。私の足どりは重かった。
　連絡船の乗船時間は１５分。船での印象の記憶はない。し

かし門司港に着いて、そこで初めて乗った列車は、本土と比べて何となく薄汚れて、汚かったことを覚えている。それやこれやで久留米駅に着いた時は既に薄暗かった。駅から少し中央通りを下った所の旅館に一泊した。

　父は４月以来この旅館に宿泊し、学校に行っていたのだ。又我々の為、家を探し、既に確保していた。螢川三丁目、すぐ下は寺町医王寺である。

４．昭和初期の久留米そして福岡

　私等が移ってきた久留米市、当時の状態を少し描いてみよう。昭和７年当時の久留米市の人口は９万１千。まだ１０万都市にもなっていない。都市らしい商店などの建ち並んでいるところも、現在のＪＲ久留米駅から東に向かって中央通り、そして右に曲がって三本松。ここが一番きれいな商店があり、市の中心。さらに東に向かって六ツ門までが市の中心。当時は明治通りという名も無かった。この通りも商店が建ち並んでいるのは日吉町まで。その先は何となく暗い町並みでそこを少し歩くと、やっと現在の西鉄久留米駅という状態であった。

　当時の久留米は現在と比べ一回り以上に小さかった。西は筑後川河岸の水天宮そして東に向かって荘島、本町一丁目、花畑、そこから北へ西鉄久留米駅、寺町、そして西へ櫛原、

篠山そして梅林寺筑後川河岸へ、これが一応市街地であった。
　久留米は第12師団の所在地であり、司令部は国道3号線沿い。そして各兵営はその東から南に、3箇所。内訳は御井町に1、国分町に2と病院、南町に4と分散していた。そして南の現在工業団地等になっている高良台地は水利の悪い荒地で、これら兵営将兵の訓練場となっていた。
　兵士は無論兵営生活、しかし士官は外に自宅を持っていたわけだが、先に挙げた旧市街地に住む人は少なく、その為一般市民との交流はあまり無かったと思う。
　当時から久留米は商都であり、軍人を志す人は多くなかったと思う。
　当時の生活について、思い出すことを少し書いてみよう。当時女性で中等教育（女学校）に進学する人は地方では10人に1人。他は結婚するまで働くのが一般である。その多くが自家の農作業に従事する。そして久留米周辺にとって最大の就職先は当時発展しつつあったゴム産業。特にゴム靴・地下足袋製造の工場労働であった。朝夕彼女等の自転車の長い列が久留米の一風物となっていた。当時女性の職場は狭かった。店の店員も大半男性で女子がいるのは洋品店位なもの。食堂等接客業はいい目で見られない時代である。その頃出来つつあったデパート、これは女学校卒業者を採っていたようで、一般には無縁な存在であった。そして最後に一つ残るのは、今では少なくなった住み込み女中である。給料は月10円程度だが衣食住すべて支給されるので、工場労働等が日給1円未満の時代それほど悪いわけではない。仕事は家事一切。

朝の食事、カマドでの御飯炊きから始まる。配膳、後片付け。家の掃除、衣服の洗濯、そのうち昼になるので、昼飯の準備。そして午後は食品等の買い出し、そして夕食の仕事。等々仕事は連続している。幼児がいる場合は、その世話もしなければならず、更に忙しい。しかし家の特に主婦の性格教養の違いにより大きな差があったと思う。さすがに現在問題になっている中東アラブのインドネシア女性家事労働者に対する扱いのような、ひどい差別扱いはなかった。しかしこき使うばかりでそれ以上何も無い家庭もあったと思う。しかし多くの家庭ではまず来客に対する礼儀作法等は教えたと思う。それについて、ちょっと違った思い出話がある。

　昭和6年満州事変後一躍有名になった東条氏。少将の時一時久留米で旅団長を勤めたことがある。軍人として珍しく家を市内の櫛原に構えていた。娘さんが日吉小学校に入学、家の妹と同級となり、子供同士行き来があった。そこで母が家に挨拶に行ったところ、夫人が出てきて玄関で立ったまま応対したらしい。母が帰宅して呆れた人だと笑っていた。無論我が家では、女中だけでなく、自分たち子供も喧（やかま）しく言われていた。玄関では必ず正座して挨拶しなさい。それから客がいる時は必ずその間の「襖」「障子」の開閉は膝をついてすること。子供の時から喧しく言われていた。

　話が少しそれたが食事についても、自家では父が喧しかったので、母も苦労し、そして色々女中にも教えたし、又直接買い出しにも連れて行き、食材のことも教えたようだ。

　そう言えば、ここで又違った話になるが、当時は男性の御

用聞きというのがあった。彼が来ると不足している物、必要な物を注文すると、午後に届けるという仕組みである。薪・石炭・米・醤油等調味料、日用生活品何でも頼んでおけば届けてくれる。当時スーパーも無ければ車も無い時代。少し重い物等こうして調達していたのだ。無論先方は1、2従業員を雇って注文を取って回らせていたのだ。私の家では現金払いだったが、家によっては、給料の入る月末払いの家もあったようだ。

　又女中の話になるが、食事は家では女中は別室で食べていたが、内容は大体同じ。そこで家に来て、めきめき太って色艶が良くなった子もいたと思う。母が笑ってこんな事を言ったのを覚えている。誰も見ていないと思ったのだろう、お釜を洗う前に「杓子で底まで拭って、それをしゃぶっていた」と。

　母は衣服には喧しく、ある点では贅沢であったが子供の衣服等自分が作っていた。私も家では和服だったが、絣の着物、すべて母が家で仕立てたものだ。そこで女中には衣服仕立てについても、教えたようである。その点我が家に来た女中は恵まれていたと思う。

　とにかく当時の久留米は他から入ってくる人の非常に少ない都市で、よく「うっかり他の悪口など言われない。すぐ相手に伝わってしまう」と言われたものだ。おまけに昭和初期は世界経済恐慌で、日本も経済停滞の時代。その気分が窺われるであろう。

　どの社会でも人員構成は上が少なく、下が多い山型が普通である。しかし陸軍は同じ士官学校を出た人でも、その山の

角度が可成り急であり、大半はまだ若いのに予備役になってしまう。一般社会では転職も不可能ではないが、陸軍士官の大半は鉄砲撃って、兵隊を牛馬同様に使用することしか知らず、他人に頭を下げることも知らぬ。これでは使いようがない。無論利口な人もいて、父のいる九州医専に入学、若い学生に混じって医師を志す人もいた。しかし一般には、仕事もなく何か鬱陶しい空気が充満していた。力を持つ日本が何故反抗する支那に対して強い態度に出ないのか。当時民政党、特に幣原さんは軟弱外交と非難が集中していた。その空気の高まりが、やがて昭和6年の柳条湖事件へと繋がっていくのである。我々が久留米に来たのはその後であり、一般国民はあまり将来のことなぞ考えず、何か鬱陶しい気分が抜けて、ほっとした気持であったと思う。

5．戦前期福岡市との関係

現在福岡市の人口は146万、久留米は30万、4.8：1である。だが昭和10年は福岡29万、久留米9万、3.2：1。現在より久留米の比重は大きく、それだけ独自性も持っ

	1935年	2010年（万人）
福岡県	275	507
福岡市	29	146
佐賀県	68	85
長崎県	129	142
九州七県	952	1320

ていた。尚九州全体から見ると表のようである。

　九州全体も増加しているが、その大半は福岡県であることが分かる。それも福岡市とその周辺地域である。戦前福岡・久留米両市の間に市は一つもなく、町村ばかりであった。それが現在すべて市になり、北から春日・大野城・太宰府・筑紫野・小郡と続いている。現在その合計人口４３万。久留米市よりはるかに多い。この趨勢を作った原因の一つとして、西鉄大牟田線の果たした役割は大きい。だが簡単に発展した訳ではない。

　昭和初期福岡県内にも電車は可成りあったが、殆ど路面電車で、現在のような専用敷地を走る高速鉄道は九州ではあまり無かった。その最初とも言えるのが福岡・久留米間の九州鉄道である。国鉄と並行路線であり、開業まで種々問題はあったが、福岡・久留米間が全通したのは１９２４年４月である。所要時間は６０分である。日中２５分毎に発車。一方国鉄は７８分で１日１２本ということであった。

　何時行っても待たずに乗れ、そして早い。確かに画期的であった。しかしそれなら利用者は増加したのかというと、決してそうではない。利用者が増加し出すのは日本が中国と全面的な戦争に入った頃からである。

　当時の状況は次のようである。一輌の電車が２５分毎に発車していた。朝夕は別として、いつも座席は空いていた。当時駅員が居るのは福岡・二日市・久留米ぐらい。途中での乗車券は車内で車掌が収受していた。途中駅での状態は次のようであった。駅に近づくと車掌が「次は三沢でございます」

等駅名を言う。下車する人は手を挙げて合図する。誰も合図せず、そしてホームに人もいない時は、電車はスピードを落としただけで通過していく。今からすると考えられぬ位呑気な状況である。このような結果会社は１９３１年以後無配当状態。父が義理で買った九鉄株の無配を苦笑していた。

　当時の沿線の状況を思い浮かべてみる。福岡天神を発車する。無論高架などなく地上である。大橋までは市街地が続いている。そして那珂川の橋を渡る頃から、次第に田畑が見えてくる。雑餉隈駅付近は多少家があるが、その後は田畑ばかり。春日原駅の側は野球場等。その先は広い田園地帯。二日市はちょっとした町。その後は福岡平野と筑後平野の境。低い丘の里山が多い。そして三沢からは筑後平野。水利の悪い所では桑畑も多い。当時は養蚕も行われていたのだ。小郡駅付近は多少商店等もあったが、他の駅付近は殆ど人家がなかった。現在もそのような状態なのは、味坂だけである。そして宮の陣までは一面の水田地帯であった。筑後川の橋を渡っても、しばらくは水田、住家があるのは現在の櫛原駅付近からであった。尚久留米以南特に津福より先は、現在と比べその変化は非常に少ないと思う。

　この状況が激変するのが、いやさせたのが戦時態勢であった。

　沿線に軍需工場が出来、人々はどしどし働きに出るようになった。最初は男、しかしやがて男は兵士として召集され、その後は女性が動員された。電車も何輌も連結され、各駅に駅員が常駐するようになった。この間一般乗客も増加し

ていく。そして岩田屋が天神駅にデパートを開店させたのは１９３６年。これを期に福岡都心は、中州から天神に移ってくることになる。だが戦争は終わることなく拡大し、終戦時１９４５年にはここ一帯は焼け野原となった。その頃の電車の運行もひどいもので、最後頃には女性まで運転手としてかり出され、未熟なため、ホームの規定場所に停車できず、何時も前後にずれて、駅に停まっていた。おまけに敵機の空襲もある。とにかく電車に乗るのも命懸けだった。そして敗戦。全て１９４５年秋から再出発することになったのである。

　これは戦後の話だが、満員のぎゅうぎゅう詰め電車、冷房など無論ない。満州等からの引揚者が持ち込んだシラミが車内でどんどん人々の体内を移動しても手を動かして掻くことも出来ない、私もうつされて、へそのあたり、赤い点々ができた。これによる発疹チフス伝染もあったが、私は幸いかからなかった。とにかくひどい話である。

６．闘病と孤独の久留米生活

　当時の久留米と福岡の状況を少し書いたので、いよいよ私自身のことに移ろう。

　一端螢川の借家に住んだ後、翌年昭和８年まだ家もまばらな旭町のＢＳの社宅に移った。医専のすぐ側、篠山城の近くである。ここで昭和１７年まで暮らすことになるので、少し

詳しく説明しておこう。当時よく言われていた木筋コンクリート建築2階建て。1階は応接間、居間、食堂、厨房風呂等すべて板の間。2階は10畳2、8畳1等畳敷き。トイレはすべて水洗。敷地は約200坪。とにかく当時としては最大最良の借家、それだけに家賃は50円であった。大学卒でも初任給が100円以下の時代のことである。

　このような状況の中で私の生活は始まったのである。最初に体調そして病気のことである。

　当時の日記によると、テンカン大発作は1935年5回、1936年8回、1937年5回、1938年7回記入漏れも若干あると思うが、とにかく1・2箇月に1回は失神していたことになる。そして物を取り落とす程度の小発作は朝の起床時等珍しいことではなかった。しかし習慣化するにしたがい、どのような時に発作が起きるのか次第に判ってきた。起床時と就寝時である。頭を起こす、倒すその時である。今一つは入浴時要するに血圧が急激に上下した時である。その為数年間湯を浴びるだけで、入浴しなかった時期もあった。しかしそれらのことが判っているので、昼間は元気に散歩していた。

　旭町の家は久留米の西北角、それに対して南久留米駅は東南角。この直線距離は約3.5キロメートル。市街地の道路は大体東西南北だから、毎日此の間を約1時間〜2時間非常に早い速度で歩行していた。このような成長の状況下、体躯は身長175センチ、体重55キロ、長身痩躯。特に下半身は頑健そのもの、現在まで外出歩行出来る基を作ったのだ。

ただ一回ひどい失敗もあった。まだ頭が安定しないのに外出歩行して、バスも通る大道で大発作、一騒ぎとなり、家に運び込まれた。衆人環視の中での手足を硬直させての醜態。ここまで来れば言うこともない。しかしこれは強ちマイナスばかりとは言えない。戦後歩行者の塵埃を浴びても、平気で草取り作業も出来たのは、この時の開き直りの体験から来ていると思う。

　毎日妹たちは喜々として学校に通う。その間自分は何をしていたのだろうか。

　庭は広いので野菜を作り、更に独りボッチの慰めとしてトリ・アヒルを飼っていた。これらの作業は戦後食糧難の時役立つことになる。

　一方自分の読書欲は旺盛だ。それに当時は文庫・新書出版の初期の時代である。記録されている本をいくらか挙げてみよう。

　日本の古典では経済要録、農業全書、風土記。訳書ではフェノロサの東亜美術史綱、フランクリン自伝、コンゴ紀行、奉天三十年、文芸書ではユリシーズ、ウイルヘルムマイスター、二都物語、パルムの僧院、風と共に去りぬ等。尚特筆しなければならぬことは、岩波文庫のローザ・ルクセンブルグ『経済学入門』を読み始めて社会主義思想にふれたことである。そして当時は外国映画も可成り見ている。オーケストラの少女、舞踏会の手帖等。

　当時の心境を思い出してみると、米国に対しては、少しも悪感情を持っていない。一方ドイツのナチス等右傾状況には

奇異な目を持って眺めていた。これは多くの有識階級の人の気持ちでもあったと思う。しかし陸軍関係はそんな軟弱なことで、どうすると叫びたてていた。

　最後にこんな先に明るい状況の見えない私の心情であるが、自殺を考えたことは全くない。これは私には無縁のことであった。その背後にあった最大の原因は、衣食充分の生活であったと思う。そして今一つは発作以外の時の若い生きようとする気力であったと思う。

7．兵役検査と招集

　１９３６年（昭和11年）１９歳。兵役検査を受ける。これは男子国民全員である。そして第二乙。そして年末通知で野戦重砲兵補充兵となる。当時の状況を若干思い出して書いてみよう。

　兵役は本籍が基本である。それで父がまだ分家していないので本来なら当時まだ神奈川に本籍があったので、そこまで行かねばならない。しかし事前に届け出れば寄留地での検査も可能であった。

　書類の提出が遅れて、危うく横浜まで行くことになりそうであったが、何とか久留米での検査が可能となった。日時は７月４日午前６時半から午後２時までかかった。場所は現在市役所になっている場所。旧公会堂であった。

私はこの年既に大発作を6回起こしていた。しかしテンカン発作のことなど持ち出すなら、兵役忌避としか思われない。そんなことは一切考えずに私は検査に臨んだ。
　戦前軍隊のことは色々話継がれているが、この徴兵検査のことは案外語られていないようなので、少し詳しく書くことにする。
　大体郡市単位で招集される。まず場所は公会堂・体育館等広い室内がある場所である。そこに検査のための軍医とそれを助ける看護の下士官兵がいる。身長・体重・胸囲を測る。そして視力検査。その後一人一人呼び出された人は、素っ裸になり、軍医の前に立つ。ここでは人間と言うより牛馬同様だ。肉体的に立派かどうかだ。いい者は喜ばれ劣弱な者は相手にもされない。そして睾丸を触られる。花柳病の人間などは怒られて、大恥をかく。こうやって人々は、甲・第一乙・第二乙・丙・丁・戊に分けられる。そして大体のところ甲は翌年入隊、第一乙は入営補充、第二乙は補充兵役、丙は身体劣弱者で国民兵役、丁は現在で言う精神身体障害者で兵役免除、戊は翌年まわしとなる。私は第二乙。身長（175cm）で胸囲が不足。それに近視であったからだ。そして年末野戦重砲兵第一補充兵との通知を受けた。当時はまだ砲兵は馬による牽引が多く、長身乗馬者が必要であったからだ。
　しかし当時は前々年に満州国が成立し、しばしの平和を保っていたので、すぐ補充兵が招集される状態ではなかった。
　この年（昭和11年）1月には日本は国際連盟を脱退、国際的に孤立化の道を進み、一方2・26事件が起き、どうに

か鎮圧されたが、最早陸軍では上下の規律が効かなくなってきた。一方在郷軍人会令が公布され、我々補充兵も時々小学校校庭等に夕方から集められ、小銃訓練等が行われた。ただこの訓練は町内顔見知りの幹部候補生出身の予備役将校による指導でまだまだ呑気なものであった。私自身もまだ招集されるとは思っていなかった。

　事態が急変したのは次の年１９３７年（昭和12年）７月７日の日中両軍の盧溝橋での戦闘である。日本では日華事変と言っているが、実質は本格的な日中戦争である。この衝突は東京の日本政府は全く知らぬこと。いや陸軍首脳も関与していないことであった。要するに現地軍の行動を中央が全く制御出来ず、ずるずると先のあてもなく全面戦争に踏み込んでしまったのである。後から考えると、ここから日本の敗戦悲劇は始まったと言えよう。

　召集令状が続々と家々に来た。そしてそれらの家には太い竹竿の幟旗が立てられた。そして死傷者も出た。私は近い内に招集されるだろうと覚悟は決めていた。

　当時の私の心情は、米・英はもとより、中国に対しても、あまり悪感情は持っていなかった。これは日本の多くの有識階層にも言えることだと思う。それはこの戦争が侵略戦争だと感じていたからであろう。

　召集その日が遂に来た。本籍主義だから私への令状は、神奈川県横浜市神奈川区役所からである。昭和１４年６月２５日である。

　当時の心境は、若く平常は元気なのに、発作等のため、社

会的な活動も出来ず鬱屈とした毎日。そのため召集令状を受け変な開放的な気持になっていた。どうせ兵舎に入れば牛馬扱い。それでも右と言えば右に向き、左と言えば左を向けばいいだけのこと。自分で何か考えて、いらいらすることは何もない。たとえ死んでも、人々は国のために死んだと言ってくれる。それでいいではないか。そんな半分捨てばち気分で家を出たのである。

　一方今の人には死地の入り口のような召集。何故逃げもせずに人々が規定の日時までに召集地に集まったか、それに疑問を持つ人もいよう。それは当時一般的な法だけでなく、軍法があったからだ。その点で、現在の自衛隊員とは違う。召集された時全ての人は現役二等兵となる。仮に決まった時間までに指定された場所に現れなかった者は脱走兵となり軍法で処理される。戦場で士官の命令に従わず逃げ出したりすれば、場合によっては射殺されても仕方がない。そのことを考えれば、人々が必ず応じたことも、判るであろう。とにかく私は家を出たのだ。

8.　召集後のこと

　昭和14年6月下旬私は千葉県市川の召集地に行き、入営した。野戦重砲兵第一連隊である。私服は全て脱ぎ、着古した兵隊の服を支給された。

兵舎には現役兵がまだ出征前だったので、我々召集兵はしばらく割り当てられた民家に宿泊した。当時は召集・演習等で民家宿泊は珍しい事ではなかった。私も子供の時神奈川で兵隊が３人泊まったのを覚えている。無論民家には食費等が支給されるわけだが、多くの家ではそれ以上にご馳走を出してくれた。日本人は人がいいのだ。

　数日後、現役部隊は満州に向かって出発した。言わずと知れた満蒙国境のノモンハンに向かってである。ここでは既に５月１２日から衝突が始まっていたのである。

　ここでノモンハン事変について、少し触れておきたい。当地は外蒙（現在のモンゴル）と満州の国境地域。そして鉄道沿線から離れた草原地帯。日本の在地軍はこんな所に敵が多数の兵を集中出来るはずがないと楽観していた。ところが外蒙軍の後援として、ソ聯は大量の機動部隊を送り、その為日本軍は大敗した。当時のソ聯は既に日本が予想していた以上に自動車を利用した機動化が進んでいたのだ。この事を本当に理解していたなら、ソ聯以上に自動車産業の発達したアメリカを相手に戦争するなど、まさに狂気の沙汰なのだが、日本陸軍等は大和魂を強調するばかり。既にこの頃から玉砕主義が始まっている。

　それはそれとして現実に戻ることにする。出征した現役部隊は当時の日本では最新の自動車牽引の野戦重砲部隊であった。しかしその後我々の前に引き出されたのは日露戦後に造られた軍馬牽引の１５cm榴弾砲等であった。この時私はつくづく思ったことである。外の日本社会では日本軍は精鋭だと

信じられていたが、目の前古物の大砲、身に纏ったボロ服、これは日本はとんでもない所に来ているのだなと、つくづく思ったものである。召集された兵も兵役経験のある予後備兵は１０人に１人位。他は大砲も軍馬も触ったことのない新兵ばかり。大体現役入営して２年。予備役となって兵舎を出る時、成績のいい者は上等兵となる。しかし他は皆一等兵。とても新兵を指導する能力はない。悪くすると自分等の優位を示そうと暴力を振るうのがおちという程度である。我々の中隊でも下士官が１人、上等兵が３人、他の１０人程度が一等兵。残り１００名位が新兵であったと思う。

そうしているうちに、驚くべきことが起きた。まだ１箇月も経っていないのに出征した部隊から、補充兵を送れとの連絡である。まだ集団訓練が始まったばかりで、大砲等には触れていない新兵ばかり。結局当時はまだ自動車運転の出来る人が少なかった時代。とにかくその技術を持った人が選ばれて送り出された。彼等がその後どのような運命を辿ったのか、私は知らない。

私自身が又ここで運命の大きな転機を迎えたのだ。新兵でもいくらか気が利いていると思われたのであろう。夜警等に駆り出された。その為昼夜の決まりが乱れ、その為大発作を起こし、多分２回だったと思うが、倒れた。このため隊は始末に困って病院送りとなった。そしてこれが兵舎生活の終わりとなった。

入隊後２箇月ばかり、すでに夏は終わりに近づいていた。
私が入院したのが近くの国府台陸軍病院。精神疾患者の病

院である。このような特殊病院が近くにある。運命とは面白いものである。

　入室したのは約１０人ほどの広い病室である。人々は過去のことを多く語らないが、大体満州等からの送還者だとは想像がつく。ベッドを並べて寝ていて、別に精神的に変だと思うような人はいない。毎日皆ベッドの上でごろごろしているだけだ。そして大人しい。しかし暫くして判ったことは、同室内には居なかったが、他室で時々非常識な動作をする者がいる。例えば当番で食事を配る時など、これを突然投げ出して、暴れたり等である。要するに狂気なのだが、それが本当なのかどうか、入院者同士は黙っているが、その中に明らかに偽の狂気者がいることは、多くの患者が知っているが、病院側には決して、そのようなことは話さない。要するに兵役逃れの行動なのだ。こうまでして兵役から逃れたいのか。真面目一方で育ってきた自分にとっては大きなおどろきだったが、社会の低層の人々にとって、こうしてまでも生きようとするための手段であったのかも知れない。

　今一つ思い出すことは、入院約２箇月の間、同室者の誰一人、外部からの近親等慰問者が来なかったことである。入院者が全国的で郷里が遠いこともあったと思うが、それよりも精神病者は社会はおろか、近親からも既に疎外されていたのである。

　急に現在に戻るが、数年前（1990 年）ある新聞に、此の国府台病院が戦後一般病院になり、そして引き取り手もないまま何十年も経ち、現在も千葉県のある病院で生存している人

が何人かいるという記事である。精神病者など、近親者も引き取らないのである。何とも言いようのない戦争悲劇ではないか。

　ここで私自身のことに戻るが、ここでも２回程大発作を起こした。そしてある日、病院長代理の桜井軍医大尉から呼び出された。院長室で彼は私を椅子に座らせると、「木村君、君は九大の大平を知っているかね」と聞いてきた。そこで私は「はい、父の九大時代の同級生、よく知っています」と答えた。すると彼は「実は自分はその大平の婿なのだ」と。まあその後彼との会話もなく、要するに判ったと言うこと。その数日後私は兵役免除となった。

　私が入院したことは父には判っていたが、それがどう他に伝わったか、それは今私は知らない。

　私は１０月初め頃退院、しばらく横浜の伯母の家に居た。そして１１月、父が発作のことを心配したのであろう。迎えに来てくれ、久留米の家に帰ったのは１１月６日であった。

　後から思うと、国府台陸軍病院とは療養ではなく、兵役適否の選別所であったような気がする。非常時日本国家からすると、自分は役立たずの、余計者となった訳である。

　家に立てられた幟旗は既に撤去。そして私は在郷軍人会分会長宅に挨拶に行き、これで軍との関係は完全に終わった。

第4章

戦時体制期

1. 非常時局の中で

　兵役から解放され自家に帰った私は、時局のこととは関係なく、自分の生きる道を進むことになる。
　だがその前に当時（1940年頃）の世界状況について、少し触れておこう。当時のＧＤＰ等の数字は現在程整っていない。しかし世界の大体の状況は推定出来ると思う。

　第一表　１９４０年前後（日本国勢図絵）

〈国民所得〉　　〈各種世界生産額順位（10位以下除）〉

	人口百万	人口密度	合計億円	1人当円	鉄鋼	石炭	石油	発電	造船	自動車
日本	71	187	106	165	6	5		6	4	
アメリカ	130	17	1874	1474	1	1	1	1	2	1
イギリス	47	194	670	1429	4	2		4	1	3
フランス	41	76	367	876	5	6		7	8	2
ソ聯	169	20	1611	959	3	4	2	3		6
ドイツ	78	170	807	1207	2	3		2	3	5
イタリア	43	139	41	98	7			8	6	7

　第一表は日本の米英に宣戦する前の状況。第二表はそれより約２５年前の第一次大戦前の状況である。
　第三表はその間の状況である。

第二表　１９１３年（世界経済２０００年史　アンガス・マジソン）

国名	日本	米国	英国	仏国	ドイツ	イタリア	オランダ	ベルギー	スペイン
人口（万人）	5167	9760	4564	4146	6505	3724	616	766	2026
GDP（億ドル）	715	5173	2246	1444	2373	954	249	323	456
１人当GDP（ドル）	1385	5301	4921	3475	3648	2564	4049	4220	2255

第三表　１９２４年～１９３０年頃（日本国勢図絵）＊GDP 億円

	日本	米国	英国	仏国	ドイツ	イタリア
1924年頃	128	1425	438	219	249	103
１人当　円	218	1272	977	549	398	260
1930年頃	102	1424	371	165	272	94
１人当　円	159	1160	806	400	418	233

　この間第一次世界大戦・経済恐慌等で各国上下変動はあったが、アメリカが突出した経済大国であることにかわりはない。そしてイギリスは多少下降、フランスは現状維持、ドイツは敗戦後回復といった状況である。そして日本はと言うと、経済的にあまり成長していない。そして対外的に見ても、現在言われている、あまり経済的に成長しない貧乏国である。対米状態を見ると対米開戦前、１対１８、そして対英１対６である。この数字でよく開戦に踏み切ったものだと感じる。

　だが軍人は軍事力に自信を持っていたのだろう。しかし陸軍等、中国相手に苦戦、古い大砲まで持ち出していた状況ではないか。

　だがそのような世界状勢の中、とにかく軍役から解放された私は又一般社会に戻ってきたのである。

　丁度その頃、父もこの地方に永住することを考えたのであ

ろう。そして私のことも考えて、少し広い土地を求めたのが、現在も私が住んでいる小郡市三沢、当時の三国村三沢であった。西鉄三沢駅のすぐ近く、広さは約５００坪、半分は田畑であった。昭和１５年２月のことである。

やがてここに８畳の板の間と、それに土間のある小建築を建て、自分は大半ここで、寝泊まりすることになった。昭和１５年６月のことである。

当時はまだ福岡市の都市化もそれほど進んではおらず、せいぜい現在の春日市あたりまで。それも個人住宅ばかり。団地計画等は全くなかった。それだから三国村などに都会人が入居してくるなど無かった時代である。私達はこの地域都会人移住第一号と言ってよかろう。しかし西鉄沿線住民状況は急激に変化していった。西鉄電車乗客数は創設以来年間６００万人位。それが１９３７年（昭和12年）には１０００万人を越えた。そして５年後の１９４１年（昭和16年）には４０００万人と急増した。その原因は何か。軍需の拡大である。農村で今まで余剰であった労働力は軍に召集され、さらに軍需工場に吸収された。それでも不足して女性も働きに出るようになった。筑後地方の人員動員に西鉄線は大きな力となったのである。無論職員無人駅は殆ど無くなった。他人の動きも激しくなるが、違った意味でこの頃から私の動きも激しくなる。何か他人と違ったものを作りたい。その一端として花で新品種を作り出そう。それからカメラを入手して、作品を作ろう。

当時久留米には光画会という写真の同好会があったが、そ

こに出入りして多くの知人を得た。その中の中心人物が倉田運平氏。現在のムーンスターの前身、月星ゴムの社長になった人である。

　だが自分の変動は急であった。自己表現、創作。辿り着いたのは絵画創作。そして自分の最終的に選んだのは版画であった。実は文筆での表現、具体的には小説。これも考えたがもう時局は厳しくなり、自由な文筆表現など出来る時代ではなかったので、最終的には絵画一途となった訳である。

　そしてこれは後から気付いたことであるが、版画の道を選んだのは、私の性格にも合っていたと思う。一般絵画は無論何を表現し、何を訴えたいかという点では版画も同じであるが、制作途中の所は非常に違う。自分の表現したいものを一般絵画の場合は直接筆を画面に持っていくことで成立していく。しかし版画の場合は下絵、色彩計画、製版、摺刷と制作過程を経て、初めて完成される。この点感情より理性が先行していた私にとって、良くあった芸術分野だったと思う。そして私にとって今一つ思わぬ拾い物があった。それは色彩感覚が良い点である。画人の多くは描写力がいい人が多い。子供の時から物を描かせればその物のように上手に描く。そう言って褒められ、絵の道を選ぶ人が多い。だが色彩感覚は別だから、後で苦労するし、これは環境によって育つものだから、学校教育とはあまり関係ない。その点私は恵まれていたと思う。

　このような状況の中で私は次第に制作に集中し毎日を過ごすようになっていった。昭和１８年頃のことである。

この頃中央（東京）等にも所々作品を出品したが、誰でも入選できるような小団体は別として、春陽会へは、入選できなかった。技術的にまだまだ未熟だったのだ。そして昭和１９年になると時局は悪化、公募展など開ける状況ではなくなった。しかし自分は制作を止めなかった。作品など制作しても、どうせ戦火で灰になってしまうかも知れない。しかし毎日制作すること、これを唯一の生きがいとして生きてきた。「戦争がどうなろうと、文化は決して無くならぬ」と。

　その頃私は一体どんな本を読んでいたのであろう。昭和１５年頃、福翁自伝、夜明け前、神々の復活、アラビアのロレンス、戦争と平和。１６年、フェノロサ東亜美術史綱、明治大正の洋画。そして見た映画はノートルダムのセムシ男、歴史は夜つくられる、地砦等。

　１７年、フィレンツの巨匠達、シェナ・ウムブリアの画家。

　１８、１９、２０年、日本風景版画史論、東洋建築の研究、リイグル美術様式論、スタンダールイタリア絵画史、ギボンローマ帝国衰亡史。奈良朝時代民政経済の数的研究、近世日本国民史、大唐西域記、等。次第に美術関係の本が多くなり、そしてまるで現時局と無関係の物ばかりである。この頃の日記は毎日創作の記録ばかり、そして次第に空襲の記事が多くなっていく。ただ自分は時局に無知であった訳ではない。新聞も取っていたし、ラジオの放送も聞いていた。

　この時期の自分の体調はどうであったのか。テンカンの大発作は相変わらず起きていた。年に２回〜６回である。これは日記の記録だから、実際は今少し多かったのかも知れない。

特に１６年にはバスも通る公道で倒れ、ひと騒ぎあった。全く恥ずかしい話だが、一方ここまで来れば人間も開き直って、強くもなるものである。ただ有難いことには、最初頃と違って、後での頭痛等が少なく、この点楽になっていた。そしてこれを除けば体は極めて元気であった。

　時局は自分の思考、言動とは関係なく次第に悪化していった。昭和１５年ヨーロッパでは既に第二次世界大戦が始まっていた。そして次の年６月突如ドイツ軍がソ聯と開戦した。この頃三国村では２５人、そして小郡村では約３０人が召集された。いよいよソ聯と戦争かと人々は思った。しかしそれは無かった。そして日本では１０月に東条氏が首相となり、軍事国家となっていく。しかしこの時点でも、自分などはまだ日本が米国に挑戦しようとは思っていなかった。

２．全面戦争に入る

　１９４１年（昭和16年）１２月８日日本は米英に宣戦し全面戦争となった。

　日本海軍がハワイ真珠湾を襲い、大戦果を挙げたことで、日本中では万歳の声が高かったが、私は何とも理解できぬ不思議な気持になった。確かに日本は原油、鉄鋼等輸入を止められ、このままではジリ貧状態になる。そして一方米英と日本の経済力・工業力の較差の大きさである。

実は私は三つの愛読書がある。まず子共の頃からの地図帳。次いで歴史年表、そして統計書である。今でも書斎の一番近くの書棚に各種並べてある。昭和２年日本国勢図会が出版され早速購入。以来現在まで毎年購入している。今昭和１６年版を見て、当時を思い出している。
　当時事実上属領状態の満州国を除き、対外貿易状況は輸出入ともアメリカが最大。輸出は生糸が最多。一方輸入は綿花、鉄、石油等。これを見て判ることはアメリカにとって生糸は生活必需品ではない。日本と貿易途絶しても大きな問題ではない。一方日本の場合は致命的である。綿花輸入が途絶し衣服の原料が無くなる。それよりも更に戦争のための必需品である鉄がなく石油がない。それに英国にも宣戦したのだから、インドの綿花、オーストラリアの羊毛も無くなる。到底戦争出来る状態ではない。
　だが私などには理解できぬまま米英戦は始まったのである。緒戦はなかなか景気良かった。ハワイ真珠湾でアメリカ艦隊に打撃を与え、南方ではフィリピンでアメリカ軍をセン滅。スマトラを占領して石油を確保した、等々。日本社会では万歳の声が絶えなかった。新聞もラジオも景気のいい報道ばかりだ。しかし私には判らぬことがあった。一体戦争はどうなって終結するのだろうか。これである。日本軍がいかに優勢でも米大陸に上陸し、ワシントンまで攻め上がる。こんなことは誰も考えもしない。どうも日本人は軍部も含めて、まだ日露戦争の夢を見ていたのではないか。
　「何とか優勢の内に戦争が終わる」これである。しかしそん

なことは現在ではあり得ない。それは第一次世界大戦がよくそれを証明している。とにかく後から思えば、日本全面敗戦となる、これが結論だが、当初は私もそこまで冷静に考えることは出来なかった。

いよいよ戦争が身近に感じられるようになったのは昭和１８年後半になってからである。国民徴用令により人々は出頭を求められた。１０代から５０歳近い人々が集められ軍需工場等に動員された。だが私は呼び出されても役所に出頭し兵役免除の証明を見せれば傷病兵扱い。「御苦労さんです」と先方が頭を下げ、帰宅することとなる。

この頃既に日本は米国の工業力に圧倒されていたのである。何しろその頃の鉄鋼生産量は１０対１。更にひどいのは自動車生産昭和１１年日本５千台、米国４４５.４万台。これ一つみても、よく米国と戦争する気持になったものだと思う。そしてこの数字は決して秘密ではない。当時発行された日本国勢図会に明確に示されている。この生産力の差は戦闘２年頃から明白に現れてきた。補充の効かない航空機等急激に日本の戦力は弱体化していった。確かに人間だけはまだ可成り残っている。しかし未熟な労働力、そして貧弱な施設、いくら人力を動員しても、もうどうにもなるものではない。

そして昭和１９年に入ると、私の日記にも自己創作のことを除けば書いてあるのは戦争のことばかり。実際日本本土そのものが戦場になりつつあった。６月にアメリカ軍はサイパンに上陸した。そしてここを基地として、４発のＢ２９爆撃機が日本本土を襲うようになってきた。空襲警報が度々鳴る

これが日常であった。

この状態は昭和２０年になると一層ひどくなる。近くの大刀洗航空基地は度々の空襲で壊滅状態。さらに都市空襲が始まった。福岡等都市では強制的疎開が行われ、それにより、小郡等近郊は反対に人々が増加し、賑やかになった。

５月には国民全ての動員国民義勇隊、所謂竹槍部隊が結成された。三国村は２中隊、６小隊に結成された。しかしこれが全員集合したことはなかった。又この頃から米軍は空母からの小型機も利用して、鉄道、橋等あらゆるものを爆撃した。西鉄電車も襲われた。

ついでだが当時の電車運行もひどいもので、正規の運転手等は全て軍に召集され、後は未熟な若者そして女性まで従事した。その為先にも書いたが、電車は何時もホームの正規の所に停まったことはなかった。車体がホームの何処かで繋がっていれば可という状態であった。安全など全く無視状態。しかし戦場では毎日何百何千と人が死んでいる日常では、これ位は問題にもされなかった。又問題視するような神経ではとても生きていけるような状況ではなかった。恐ろしいことである。

自分は冷静で当時の日記をみると創作版画として古事記の連作をはじめ、又近世日本国民史、大唐西域記を読了等書いているが、以後の８月に入ると、「死は恐くない。しかし敵の血を見ずに、死なれようか」と書いている。やはり時の状況に動かされているのだ。そしてこの頃でも日本の最後は、信州辺りに追い詰められ、天皇の命令一下万歳突撃で終わる

のではないかと、まだ幾分かは思っていたようである。今の人々にはこの精神状態はとても理解出来ぬと思う。

3．昭和20年終戦前後

若干繰り返しになるが、日本軍が優勢を保ったのは最初の半年ぐらい。ミッドウエイ海戦で敗戦以後、敗退するばかりである。

この間私の家で大きな変動があった。旭町の借家の立ち退きを迫られたのである。所有者であるブリヂストンが軍需生産のため人員を大増加。その為一軒でも住宅が欲しかった

この新築困難な時に長年住んでいた人を追い出すとはと父も憤慨していた。しかしこの時三沢の土地に資材を何とか調達して、小さな家だが建てたことは後から見ると、本当に幸せだったと思う。

その後急激なインフレで少しばかりの貯金など、ただ同然になったのだから。とにかく開戦後の1年目昭和17年12月父母等家族全員三沢に移ったのである。

一方米軍の追撃は急速である。1945年（昭和20年）になると、3月には硫黄島を占領、さらに6月末までには沖縄も制圧した。制空権、制海権を失った日本の上空を米軍機は自由に飛び回った。

4発のB29等は大都市等の爆撃。これは我々郊外の人々

には、少しも恐くはなかった。恐いのはもっと小さい艦上爆撃機だ。地方の鉄道、橋まで狙いだした。私の住家のすぐ近くを通っている西日本鉄道まで狙われだした。７月２８日の朝、三沢駅も狙われた。私は土盛りしたホームの外にたまたま居て、身を伏せていた。駅舎を狙った敵機は急降下して小さな爆弾を点々と落としていったが、その一発が北側の民家に落ちて、母子２人が負傷した。

　もうこの頃になると敵機来襲は毎日のこと、隣部落の森から、カラスが飛び立つのさえ、敵機ではないかと、脅える状況であった。三沢の二つ先の西鉄筑紫駅で通勤電車が襲われ多数の死傷者が出たのもこの頃である。

　先に少し書いたが、近代戦は多くの国は資源枯渇して耐えられず大体５年で終了すると私は信じていた。その時期が来つつある、だがその先は判らない。

　何しろ日本は建国以来不敗の国と教えられていた。それなら降伏はあり得ない。第一に戦陣訓にも「生きて虜囚の辱めを受けるな」と謳って居るではないか。それから考えると、米軍が本土に上陸する。日本軍は最終的には信州の山奥に追い詰められ、最後には天皇の命令一下万歳突撃で万事終わり。こんな現在からするとまるで無知なことしか頭になかった。それというのも戦前の教育が「天皇と臣民」これが国家成立の絶対的存在と教え込まれていたからである。８月１５日の玉音放送。絶望した真正直な人が多く自殺した理由は、ここから来ている。

　私なども戦後になり、国家は一定の土地に同じ文化的生活

をしている人々が、かたまっている限り、国が無くなることはあり得ない。そのことを現実を見て初めて知ったわけである。

とにかく昭和２０年、夏になると、状況はさらに切迫し、米軍の本土上陸も考えられる状況、そして８月には広島・長崎に奇怪な爆弾が投下されたと伝えられて来た。

この状況下で私は毎日どんな生活をしていたのだろう。福岡・久留米が米軍の爆撃で炎上しても、我々には直接関係はない。ただ敵小型機が上空を通る時は、前庭に掘ったタコツボ穴に潜んでいた。食料は砂糖など欠乏しているものはあったが、特に困ったことはない。

そしてこんな中でも、私は乏しい油絵の具を使って創作を止めなかった。どうせ創っても焼けるか、ゴミになって捨てられるか、それでも制作を止めなかった。生命の本能なのであろうか。

そして本を読んでいた。当時読んでいた本を若干挙げてみよう。正続本朝文粋、魏晋南北朝通史、今昔物語集の研究。まるで時局とは無関係の本ばかりだ。何でこんな物を読んでいたのか。今から考えると可笑しくもなるが、要するにこれ以外何もすることが無かったからであろう。当時の日記に天候状況が書いてある。８月５日に驟雨があった以後、毎日晴天気温は日中は３０度を超す暑さが続いていた。そしていよいよ問題の歴史的瞬間の日、８月１５日が来たのである。ラジオによる玉音放送。この日以後何日かは日記に天候など書かれていない。それどころではなかったのであろう。

１５・１６日は日記を書いていない。１７日にまとめて書いている。その記述は今から見ると、未熟な若者の一徹な思いで、現在から見ると恥ずかしい。「光輝アル皇国ノ歴史ハ終ハリヲツゲタリ。大和民族ハ實質ニ於イテ消滅シタリ。吾人ハ光栄アル歴史ト其ノ運命ヲトモニスル覺悟也。人或ヒハ言フ。今ニナリテ生命ヲ断ツモ無駄也ト。吾人敢テ論争セズ、唯一言アリ。義ヲ辱ズカシム可カラズト」

　私は死に対して、一般の人とは少し違った思いを持っていた。それはテンカンで度々失神した体験があったからだ。又この病気対策として、可成り多量の薬を持っており、それを一度に使用すれば、眠って終わり、そう思っていたからだ。しかし実際には実行しなかった。父母の悲しみ、いやそれ以上に若い自分の本能的な生の願望がそうさせなかったのであろう。結論はいよいよ全てが行き詰まって、つまらなくなった時死ねばいい。それまでは生きていよう。それが考えたあげくの結論であった。そう決めて、堅い布団の上に横になった時は、既に１６日に入っており、やがて東の空が明るくなる時であった。

第5章

敗戦後

1．終戦後約一年

　8月15日を境に、人々の気持ちは急激に変わった。今までは政府更にそれを受けての市町村更に隣組、それに従って行動していた。しかしこの日以後各自はまずなにより先に自分の生きる道を、その思いのままに行動していった。西鉄電車道には、古い枕木が所々に放置してあった。それが一夜のうちに無くなっていた。おそらく近くの人なのであろう自家の薪にするためだ。

　そして17日の夜、この西鉄大牟田線電車の線路を南に逃げる人の声が終夜聞こえた。博多へ中国軍が上陸するというそのデマによってだった。日本人は皆日本軍人が中国でどんなにひどい残虐行為をしたかをよく知っていたからだ。まさにその裏返しの行動だ。又米軍上陸を聞いて、山の方に逃げたが良いのではないかと、部落の人からも私は聞いた。その時私は米軍は大丈夫だ心配は要らぬと明白に言って止めたことを覚えている。

　自分が日常生活に入るのは早かった。日記を見ると8月26日に白菜等の種子を蒔いたと書いてある。又9月3日には画業も始めている。又村の若い人々が続々と帰ってきた。

親類等の消息も明らかになってきた。姉は結婚して広島にいたが、主人が原爆で死んだことを知った。住所は現在の西区草津在であったが、不運なことに、その前にあった空襲焼け跡の整理のため、世話役として隣組の人等１５０名を連れて、都心で被爆、無惨な状態で帰宅したが、その夜死亡したとのこと。聞くところによると、全員死亡し、遺体は家族達が焼いたとのこと。悲惨なことだが、当時はそれほどに感じなかった。何故か。毎日毎日人々が簡単に死んでいく。その為人々の精神状態も、平和な現在から見れば狂っていたのだろう。それより何より、先ず腹を満たすために働かねばならない。そうして居るうちに昭和２０年は過ぎていった。１２月３１日の日記は、次のようなことを書いている。「歴史的に見て、注目すべき年であった。この歴史的時代区切りに際会したことは、ある意味から言えば幸福であったかも知れぬ。敗戦は確かに国民に非常な打撃を与えた……。しかし敗戦が物質的に何等得る所無かったにせよ、精神的には決して無意味では無かったと思う。２６００年来、国民は今日程自己の姿を明白に見たことは無かったであろう。自己を知る、これ程大きな収穫があろうか。……吾人は芸術家としての自分を知った。そして国民・民族の一員としての自己を知った。……そして国家の目的も、又国民の文化向上でなければならぬ……」冷静に日本のことを見、そして考えている。

　なおこの年どんな本を読んでいたのか参考までに２・３挙げてみよう。

室町時代美術史論、印度及び東南亜細亜美術史、本朝文粋・

魏晋南北朝通史、今昔物語集の研究、高麗陶磁の研究
　まるで戦争とは無関係な本ばかりだ。
　そうこうしている内に年は昭和２１年となった。そして天皇の人間宣言である。これについての当時の率直な私の気持ちは「今さら神でなく人間と言われても、神と思って天皇陛下万歳と叫んで死んでいった人々は可哀相だ」という思い。何とも怒りを通りこして、情けなくなった。もう過去のことをどうこう言ってもつまらぬ。前を向いて進もう。実際画業の方も進んでいた。各所の展覧会にも出品していた。中でも再開された一回目の日展に版画「金堂内陣」が入選したのは、おおきな収穫だった。現在から見ると、初歩的な調子も平板な作品だが、それでも入選したのは当時としては、他と比較するものがない、風変わりな題材だったのが幸いして入選したのであろう。とにかくプロの画家候補生位にはなった感じだった。
　戦時中入手困難であった油絵の具等の画材も自由に入手出来るようになってきた。そして年末には戦後になって初めて福岡で映画を見ている。「カサブランカ」である。既に私の頭の中は急激に欧米先進国人並みになっている。

２．社会の大転換・天皇の人間宣言

　通史的な歴史書を読んでいくと、古代・中世・近世・近代

等の時代区分がある。だがこれは時代の特色等を明白にするための手段であって、一日はおろかなこと、一年二年でも急激に全てが変わるわけではない。日本でも慶応が明治に替わった途端に全てが近代状況になったわけではない。その点は戦後も同じである。昭和２０年８月１５日で近代は終わり、次の１６日から新しい時代が始まったわけではない。むしろ占領軍下の１９５１年（昭和26年）講和条約が結ばれ、日本が独立を回復するまでは過渡期と見るのが適当であろう。

その間を一庶民として生き、一方すでに社会主義思想にまでふれていた私にとって、占領軍施政は大体納得出来るものであった。しかし一つだけ納得しながら、劇薬を飲む思いのことがあった。「天皇の人間宣言」である。

「朕思うに」から始まる教育勅語。そこに我々に告げる言葉は何か。「我が臣民克く忠に克く孝に億兆心を一にして」さらにその後「汝臣民、父母に孝に、兄弟に友に」とある。我々は戦前は国民ではなく、天皇を神といただく臣民だったのだ。それだから陛下の命と信じて、最後には万歳突撃して玉砕したのだ。それなのに敗戦したからと言って、今さら私は神ではない人間なのだと言われたとて、一体死んだ人間はどうなるのか。裏切られた「タマシヒ」は三途の川あたりで行き場を失い、うろうろしているのではないか。生き残った我々はいい。臣民から自由の国の国民になったのだから。だが絶望の中で臣民として死んでいった同世代のことを考えると、現在でも頭に血の気が上がって、いらいらする。

一方米軍占領下で一番いらいらしたのは、それまでの日本

の政治・社会等を握ってきた人々であろう。米国占領軍の若僧達に呼び出されて、何のかのと文句を言われる、腹に据えかねることばかりだ。一刻も早く講和条約を成立させ、元の独立国に戻したかったであろう。しかし庶民はそんなことは、どこ吹く風だ。いや戦時下に、何のかのと彼等指導層に文句を言われているので、多少愉快にさえ感じる。それに早く占領軍に去られたなら、又元の連中が戻ってきたら、たまらない。庶民の思いはただただ少しでも物資が豊かになって、生活が楽になること、これだけである。

そして私はと言えば無論一介の庶民だ。しかし父は戦前は末端とはいえ社会の指導層だ。それだから、両層の気持は私にはよく判っていた。だが自身思っていることは、新しい方だ。そして旧弊を打ち破るためには、革命的なことも必要かと思っていたが、現実目の前に起きた朝鮮戦争の残虐状況報道を見ると、その心境は複雑であった。

3．復興途上の日本社会

１９４７年（昭和22年）５月３日、日本国憲法が施行され、国の進路は一応明白になったが、国民生活は苦しくなるばかりであった。戦時中の無謀な国政のつけが、一般国民を苦しめることになる。日常生活物資の物価は急激に上昇した。昭和２２年の物価を１とすると、２４年には４.８倍に上昇し

た。電力は不足し、停電等珍しくもない。紙幣の価値は急激に下がり、少々の預金など大した役にも立たない。とにかく地を耕して物を作る以外ない。そして少しでも働くことだ。私もスコップ片手に久留米に出かけて、道路の草取りまでしたことがある。当時は市街地の道路でも、殆どが舗装不完全か未舗装。体を低くして草を取っていると、通行する車等から、土くれも飛んでくる。しかし下から通行する人々を眺める。そこから何かちがった社会や人間心情が見えてくるものだ。無論体を低くしていても、物乞いの乞食とはちがうから、卑屈感などは少しもなかった。そして道路清掃も社会有用な仕事と、自負心さえ持っていた。実際当時はヤミ取引で利益を上げるのが平気な時代だったのだ。そんなことで利益を上げるより草取りの自分の方がよほど立派だとさえ思っていた。庶民一般の倫理意識は可成り低下していた。今考えると、こんな社会状況なのに、日本では暴動らしいものは起こらなかった。実際物資不足なのだから、少しでも働いて物資供給を増加させる以外解決の方法はない。暴動は物資を消耗させるだけ、要するに、あばれて益々穴におちこんでいくようなものである。その点日本人は利巧なのかもしれない。後年イラク戦争後の米軍は日本占領時のことを非常に参考にしようとしたようだが、あまり参考にもならなかったようだ。日本人とイラク人とはその精神状態が可成り異なっているのだ。

このような苦難の中、日本立ち上がりの切っ掛けとなったのが朝鮮戦争であった。昭和２５年６月２５日突如北朝鮮軍は出撃、２８日にはすでにソウルを占領し、南進した。米軍

を主体とした国連軍は韓国軍を援助全面的戦争となった。

　九州は朝鮮半島に近い。特に福岡の米軍基地はそのため後方補給の重要拠点となった。軍事需要が急激にふえ、軍需景気となった。人々は米軍基地に行けば、いくらでも仕事があると言うようになった。

　アメリカもこれ以上戦争で犠牲を出したくなかったが、今さら平和のためと解体した日本軍を再編利用する気持になれず自国兵を半島に送る以外なかった。しかし後方支援のため日本人はどしどし使用された。又仕事の無かった日本人は、多少危険かも知れぬが、そんなことはどうでもいい腹を満たすためには文句など言っても仕方ないと。この仕事に従事し、半島まで行った人も可成りいると思う。犠牲者がどの程度あったのか、ここらの所は現在も明白ではないようである。今後究明される時があると思う。私自身はこの半島戦争には関係なかったが、その身辺はかわってきた。美術関係の友人等から、土もぐれの仕事をしないでも、子供に絵を教えても、同じ程度の収入は得られるのではと言われ、その方に転向することになった。これは当時の日本一般生活状況も反映している。比較的恵まれた収入のある人々は、すでに子供の将来のことを考え、美術・音楽等のことを子供達に習わせよう、そう考えるゆとりが出来てきたということである。

　一方私の家の生活も変わってきた。父は戦争には無関係であったが、軍人はたとえ予備役であっても将官以上はすべて恩給等は停止という米軍命令により収入を断たれていた。医師の免許は持っていたが、自分は衛生学で個々の病人を診る

たちばではないと思っていたのであろう。無収入でもじっとしていた。しかし友人とは有難いものだ。九大時代の友人小野寺氏等の尽力により父は久留米の準公立病院である第一病院長に復活した。当時自分はまだ土の汚れ仕事をしていた。時々夕方西鉄久留米駅で父と会うことがあった。「おい腹が空いてるだろう」父の誘いで駅付近の飲食店で一パイのむ。しゃんとしたセビロの老人と、きたない土方すがたの青年。人々はどう見ていたであろう。しかし当時の自分の心情は、「ああ人生とは面白いものだ」とつくづく思ったものだ。

　後年当時の私の姿を次のように語ったある人の話を聞いたことがある。「やせた長身、みだれた頭髪、きたない衣服、だがおどろいた事に電車に乗るなり、カバンから本を取り出した、見出しを見たが、むずかしくてよく判らない」何という変わった人なのだろうと思っていたと言うのだ。たしかに当時私のカバンには弁当箱、タオルと共にかならず本を一冊入れていた。当時の愛読本『バザリ美術家伝』等がそれである。

　その頃から、絵かき連中との交友も多くなっていく。しかし現在もそうであるが、私の友人には年下が多く、先輩らしい人はあまりいない。これは私が満足に学校に行っていないからであるが、気ばかり強くて、批判的で、誰にでも文句をつける気性だったからであろう。それに誰にも負けぬと自負する読書力、これが後押ししている。その中で唯一の先輩、いや大々先輩が一人いた。坂本繁二郎先生である。

　当時の日本の美術界には３人の巨人がいた。安井曾太郎、坂本繁二郎、梅原龍三郎である。坂本先生に初めてお会いし

たのは１９５０年。当時は東京での生活が困難なので若い画家志望の人々が、地方にも多数疎開していた。筑後地方でもその一部の人々が新人会という会合を持ち、時々坂本先生にも来て頂いて、作品批評をして頂いていた。私も友人に誘われ、出席したわけである。

　ここで少し前にかえるが、１９４６年４月に行われた戦後初の総選挙について思い出したことを書いてみたい。女性にも選挙権が与えられ、一部戦争関係者を除けば、初めての自由な選挙である。文字通りの玉石混淆の立候補者、何をしゃべろうと、占領軍批判さえしなければ、他は自由だ。たしかに面白い選挙であった。その中で今でもある無名候補者の野外演説の一節をおぼえている。

　「近頃近所の子供からこんな話を聞きました。「小父さん、へそとかけて何ととく」「わからんなー」「マッカーサーととく、答えはチンが上にあり」私はこのことを聞いて、はらはらと涙せざるをえませんでした」それに続く愛国演説。無論泡沫候補の言いたい放題、大した得票にもならなかった。大半の人々の気持はそれよりも腹を満たすことそれが最大問題だった。冷静に考えれば、日本国家は存在せず、あるのは占領軍と惰性で存続している社会組織の中の日本人という集団だけの時代だったのである。

　だが５年１０年と経つうちに戦後社会状況は急激にうすれていった。そして私自身も変わった。１９５２年（昭和27年）、矢野悦子と結婚した。彼女は高校教師であった。ここらのいきさつについては、彼女の自伝的著書『さあ 前を向いて』

に詳しいので、今は書かない。

4．坂本繁二郎先生との出会い

　先生にお会いしたのは昭和２５年７月９日。当時は戦災後東京で生活出来なくなった画家連中は、みな故郷に帰ってきていた。それらの人々が先生の周辺に集まり新人会という小団体を作っていた。主として独立美術等、在野団体の人が多かった。その人達の展覧会が久留米の旭屋デパートであった。先生がそれを見に来られるというので、自分も連れられて行き、初めて先生にお会いし、又持参の版画作品を見てもらった。

　それ以後１・２箇月毎に開かれる新人会に出席するようになった。場所は現在の八女市で先生も必ず出てこられて、会員持参の作品を見て、いろいろ注意をしておられた。大体毎回集まった人は１０人位であった。その状況を思い出すままに書いてみよう。絵は二つの部分からなっていると思う。一つは何をどのように描くか。要するに造形のことである。今一つは色調、どのような色をどのように使用するのかの問題である。先生にとって、その造形のことは、晩年になるほど重要でなくなる。先生にとって重要なのは色調である。最後の作品が暗夜に月だけであることでも、了解できると思う。先生にとって重要なのは、何をどう描くかではなく、画面全

体の色調分布により、そこから浮かび上がってくる一種の音楽でいえば、感慨であったと思う。そこで新人会での人々の作品についても、何故このような物をこのように描いたのかという先生の問いかけを、私はほとんど聞いたことがない。一枚の絵が先生の前に出される。じっとながめておられた先生が、風景画の場合など、空の一角を指して、ここがと首をかしげられる。静物にしても、あるバックの所を指さして、ここがと言われる。要するに先生にとって、その部分の色調が、画面全体から見た場合、調子がはずれているということなのだ。

　何をどう描くかに熱中している特に若い人々にとって、多くは戸惑うばかりであったろう。中には、なぜそこがいけないのですかと愚問を発する人もいたが、これは料理で味が問題なのを、なぜいかぬのかと反発するのと同じと思う。

　私は幸い、造形は苦手だが、色調の方は恵まれており、先生の言われることが、ある程度わかっていたと思う。

　そのようなこともあり、次第に新規をねらって中央東京に出品しての入選・入賞をねらう若い人々は漸次会に来ることが少なくなったと思う。

　なおこんな面白いことも時々あった。それは高名な先生に一度でいい自作を見てもらいたいという素人の人が会員に連れられて新人会に来ることがあった。作品が先生の前にならべられる。ながめておられた先生がそのような時に言われる言葉はいつもきまっていた。「いやきれいな絵ですね」持参者は先生にほめられたと言って大満足で帰っていく。常連の

会員達は、それを苦笑しながら眺めている。

　先生はこの頃から多くなってきた抽象絵画についても無関心ではなかったと思う。しかし折角絵かきになりながら、目の前に山ほどある現実の事物を目にしながら、小さな自己の頭の中で考えたものを、描かねばならぬのか、その気持ちが理解できなかったようである。

　私と先生は３４歳年齢がはなれていた。丁度親子の関係だ。私は結婚の時仲人もしていただいたし、本当に可愛がっていただいたと思う。その中で今もおぼえている先生の言葉がある。ある時作品を見ながら先生はこんなことを言われた。「木村さん、作品のレベルが高くなればなるだけ、理解者は少なくなるものですよ」と。先生が八十代をこえた時のことだ。当時坂本先生といえば、日本美術界で一目おかれた存在なのに、先生は自分を本当に理解してくれる人が少ないことからの、本当の声であったと思う。

　それと同時に、こんな言葉をかけられた私にとって、これ位じんと身にしみたことはなかった。今にこのことは忘れることはできない。私が４０代半ばのことである。

5．美術教育からさらに社会的活動へ

　４０歳ぐらいまでの私は他から見た場合一本気で、物事を考え徹底的につき進む、狂気じみた所があった。当時の友人

が言っている、木村さんは歩いている時、上の方ばかり見ていて、自分とすれちがったのに気付かないと。自身考えてもたしかにそんな所があった。

　そこで子供に描画を教える。単に一画家として技術を教える。美術教育は画家養成のためではない。それなら何のためなのか。そこで考えた、そして読んだのが「芸術による教育」であった。大きな開眼であった。そして当時展開されていた、久保貞次郎の提唱する創造美育運動に参加することになる。これを契機に私の活動は、画家としてでなく、一社会人、一日本人対日本社会へと変わっていく。以後私の活動については概略だけにとどめるが次のようになる。子供の指導だけに満足せず青年たちの指導者となる。ユースホステル運動である。そして当時はまだ言葉もなかった現在のウオーキングの指導となる。九州熊本から別府までこれを厳冬の中１２月３０日から１月１日まで２泊３日で歩行する。このリーダーを５０頃から７１歳まで続けた。いつも自身歩行してである。

　さらにこの運動は中国を歩くことにまで発展する。１９８６年、長江河岸から蘇州へ。咸陽から渭水を渡って西安城内へ。無論当時の中国で歩行運動など理解されるはずはなく、懐疑の目でみられることが多かったが、時には市長まで出ての歓迎を受けたこともある。

　現在はウオーキング全盛時代。しかし競争化して、本当の歩く楽しみが薄れているのは残念な気がする。

　一方画業の方は次第に画壇との関連は薄れていった。１９５２年日本版画協会会員となり、さらに１９６６年春陽

会会員にもなった。４９歳の時である。しかしこの頃私の目は画壇ではなく社会の方に強く向いてきた。結末として１９７０年私は両会を退会した。一方その年に私の青春期の戦争時代を描いた連作「我等が青春をいろどりしもの」４８点を東京、京都、福岡で発表したが、大した反応もなかった。この頃から私の行動は変わってきた。絵画から文筆へである。

それはまず新聞への投稿から始まった。１９７１年（昭和46年）から始まり現在（2010年）まで採用された数は８０８通。内訳は朝日２８３、西日本４７９、毎日４３、論座３である。それらの内約４００通を選抜して西日本新聞社より出版した。「正論か暴論か」である。なお実際投稿数は不採用もふくめると１０倍位あると思う。実際６０歳代の一時期など１０年間毎年１００以上も投稿していた時もあると思う。又この頃から可成り単行書も出版している。

小説哲学事典（1975年）昭和三酔人経綸問答（1980年）産業革命の秋（1998年）日本近代後期の推移（2004年）そして最近平成三酔人経綸問答（2010年）である。

６．私のテンカン症状の結末

私の人生記述も終わり近くなったので、私の生涯を大きく左右させたテンカンの終末について書くことにする。

大発作は時々起きていたが、日常活動に大きな支障もない

ので、服薬もせず過ごしてきた。１９６９年５２歳の時、自宅で大発作を起こし、倒れた時打ち所が悪く、目蓋の上を切り、可成り出血した。それを期に、九大医学部病院精神科に行き服薬することになる。以後大発作は一回も起きず、小発作も次第に少なくなっていった。通院は最初は月一回、後には３ヶ月一回薬量も段々少なくなっていった。副作用も相当あったと思う。腎臓結石も時々あり痛かったが、それより大きかったのは、精神状態の変化である。以前は物事を考える時、右か左か明確な答を出さねば気がすまぬような性格。よく言えば切れ味があり、悪く言えば妥協できぬ性格だった。それが次第に他に寛容になり、悪く言えばどうでもよくなり、ずるくなった。

　このようにして約３０年通院を続けてきた。そして１９９９年８２歳の時、前立腺ガンに罹った。そしてホルモン療法を受けた。約一週間、乳房が痒くなった。見ると少しふくらんでいる。一方意識が変わってきた。通りかかった婦長に「女の尻を見たくもなくなった」と言って彼女から笑われた。幸い私のガンは良性だったのであろう、以後元気で１３年経つ。一方その頃九大通院も止めたが、以後発作とは無縁である。

　以上から通観すると、他の人は知らぬが、私のテンカン症状は、男性の性と結びついていたと思う。そして私は今肉体的には男女無しの一人間として生き残っている。

　私はこの病から卒業した。しかし社会では思わぬことから、現在テンカンが大きな問題となっている。持病者が、車を運

転中発作を起こし、そのため歩行者をはね、死傷者を出した事件が続けざまに起きたのである。世論はテンカン病者の無責任を追求するばかりだ。だが今は、車は人の足と言われる時代だ。求職の時「私はテンカンで運転はだめです」と言って、それでもいいと、雇ってくれる企業者がいるだろうか。持病者は一体どうやって生きていくのか。それに更にかくされた大きな問題がある。

　それは、テンカン発作の原因となる脳波異常である。それが意外に多いのである。専門医の中には１００人に３人はいると言うのである。ただ軽いため、本人もちょっとした目まい位にしか感じないので自分はテンカンだと自覚しないのだという。車の無かった時代ならそれですんだであろう。しかし車運転中数秒間でも意識不明確になったらどうなるであろう。現在毎日のように自動車事故が報道されているが、そのうちに無自覚脳波異常者がどれだけいるのか。行政は積極的に調査すべきである。

第6章

余 談

1．私の読書余論

　私は病気のため中学2年で退学、以後学校には縁がない。そこでこれ以後得た知識はほとんど読書によるものである。そこで私の読書指針を書いてみよう。

　戦前の出版界は、文芸書（小説等）は多かったが、教養書は少なかった。それを補おうと、岩波文庫が発刊された。1927年（昭和2年）であった。さらにその現代版が岩波新書であった。その中で今でも覚えている本がいくつかある。文庫ではローザ・ルクセンブルクの『経済学入門』である。それまで若干読みかじってきた古典派と全くちがうのに驚きもし、また刺激もうけた。以後マルクス系のものを読むことになる。

　一方新書では『奉天30年 上下』これは日露戦争頃の満州状況を欧米人（クリスティー 訳者矢内原忠雄）の目で見たことを書いた本だが、当時（昭和10年頃）はまだこのような、日本に批判的な本も出版出来る状況であった。かような状況の中で、私は何を求めて読書したのであろう。つきつめると日本を知ることであった。自分の生まれ育ったこの国はどのようにして現在に至ったのであろう。この状態の中で、大き

な影響を受けたのが、徳富蘇峰の『近世日本国民史』であった。この１００巻本、本文も面白いが、それ以上に私を引きつけたのが、引用されている古書、古記録、日記等であった。現在手元にある１００巻本第１巻『織田氏時代前編』昭和９年９月１５日発行民友社。そして最終第１００巻『明治時代』昭和３８年１０月１５日第３刷時事通信社出版局内近世日本国民史刊行会である。

　戦後出版物は次第に多くなる。一方それを買うだけの十分な収入はない。そこでどんな本を購入すべきか、いろいろ考えることになる。その中で、考え実行したことを若干書いてみよう。

　当時新聞は『朝日』をとっていた。それから当時から今に至るまでの購読雑誌を上げると、次のようである。『日本歴史』、『歴史学研究』、『文学』（岩波）、『環』、『論座』、『週刊読書人』、そして当時から次のような諸団体に入っていた。その会誌、中国社会文化学会、小郡郷土史研究会、国際東アジア研究会、アジア都市研究会である。そして近年は新聞はさらに『毎日』、『西日本』も読んでいる。そして長期的な情報収集で大きいのが『日本国勢図会』これは昭和２年の初版から購読しており、戦後は毎年新版を買っている。さらに同じ所から出版された『世界国勢図会』、『県勢』、そして時々出版される『日本の百年』も全部購入して目を通している。この情報量は可成りなものだと思う。

　一般的な社会、経済情報は、以上によりかなり分かっていると思う。そこで単行書を購入する場合は、多くの人が読む

本となるべく違った本を買って読む。なぜか。一般情報は先に挙げた新聞・雑誌等で得ているのだから、他と違った意見を持つには、やはり違った情報を元に、私独自の見解をもたなければならぬ。このように考えたからである。

　そこでこれと思う本を買ってきて読み、後からその本が書評で大きく取り上げられると、かえってがっかりする。そんなこともあった。まあ私がどんな本を選んで読んだか、２０世紀末頃からのことを、少しふりかえってみることにする。無論私が求めているのは、日本近世から近代にかけての日本を知ることである。そして日本近代は要するに西欧文化の接ぎ木であり、一方元木もしぶとく芽を出しており、複雑な状態であった。それを理解する。

　そこでまず近世から近代始めにかけての世界の動きを知るために次の叢書に目を通した。『大航海時代叢書』（岩波）、『新異国叢書』（雄松堂）、『１７・１８世紀大旅行記叢書』（岩波）『日本見聞記』シリーズ（新人物往来社）、『大航海時代の東南アジア』（法政大学出版局）。無論全部を読み通したわけではないが、これらにより近代初期までの世界の動きをある程度知ることが出来たと思う。

　以上をもとにここ約１０年余に目を通した書について若干触れてみたい。まず文庫本から取り上げよう。
『歴代名画記』（岩波文庫）、いきなり唐代という古い本であるが、中国さらにはそれをもとにした日本絵画の基本的なことを知るためには、かかせない本だと思っており、特に最初の３巻までは度々ひらいて目を通していた。

次は『福翁自伝』(岩波文庫)、いろいろ説明するまでもない。日本近代の夜明けを知る必読の書だ。また非常に面白い。無論同時期を生きた他の人の記述を読むことも必要だ。『蹇蹇録』(岩波文庫)は日清戦争時の当時の外相陸奥宗光の記録だが、その後現代に至るまで、日本の近代にとって一番重要な中国関係、その始めの所の記述で、絶対的に目を通すべき書であろう。

『ベルツの日記』(岩波文庫) ドイツ医学者の在日日記だ。１８７６年(明治9年)～１９０５年(明治38年)約３０年間という長期にわたる記述である。医学者として東大等で教えているが、この日記はそれとは別に広く日本社会が近代化しつつある状況を描いている。読んでいて非常に面白い。

最後に以上と全くちがった本、『戦後値段史年表』(朝日文庫)各種一般商品の小売り値段がよくわかって面白い。ただ戦前の値段を知るためには同じ朝日新聞社から出版されている『値段の明治大正風俗史』４巻本が出版されている。

次に新書本である。松本重治『上海時代』３巻(中公新書)これが強く印象に残っている。１９３２年～１９３８年、日本政府が陸軍主導のもと、次第に泥沼に落ちこんでいく状況がよくわかる。そして最後になるが、近頃読んで、それなりに考えさせられた本を１０冊ばかり紹介したい。

出版発行の古い方から始めると石光真清『城下の人』１９５８年竜星閣、以下『曠野の花』『望郷の歌』『誰のために』の４部作である。その記述は明治8年8歳(1875年)から始まり、母の死の記事昭和8年(1933年)で終わっている。最

初は神風連反乱のことから始まるが中心の記述は自己活動した中国ロシアでの諜報活動である。読んで確かに面白い。しかしこの４部作は実際は、この人の長男真人が父の残した記録を元にした編纂物であり、むしろ歴史小説とするのがふさわしいと思う。

　水野広徳『反骨の軍人水野広徳』１９７８年経済往来社。水野広徳の名を私は小学生の時から知っていた。家にあった『此一戦』の著者としてである。日本海々戦を描いた当時のベストセラーである。始めにこの本の海戦、特に三笠等主力艦が敵前回頭してロシア艦隊に圧勝する部分を夢中になって読んだ。そして自分が成長するにしたがい他の部分も面白くなって読むようになった。その勇敢な水雷艇長であった彼が、その後第一次世界大戦を見学し、一転して徹底した平和主義者となる。まさに軍国化に進んだ当時の日本風潮の中で逆風、苦難の道を歩むことになる。彼が死んだのは昭和２０年１０月。この人の考えが正しかったことが証明された。敗戦８月のわずか２箇月後のことである。７１歳。今少し生きて日本の平和復興を見てほしかったと残念に思う。

　黄尊三『清国人日本留学日記』１９８６年東方書店１９０５年〜１９１２年日本留学中の記録である。通読した後感じたことは、自国の遅れを自覚して、日本で学ぼうとするその姿だ。一方日本人は当時の中国を利用することばかり考え、相手中国を本当に理解するなどほとんどの人が考えていない。この本を読んで、そのことを痛感する。

　夏衍『日本回憶』１９８７年東方書店。日本に１９２０年

から1927年まで留学、日本をよく知り、一方日中関係は次第に悪化するばかり。その中で左翼指導者であるが、日中友好のため一貫して努力する。文化大革命期に失脚するが、復活後は中日友好協会々長をつとめる。冷静に見ると彼の日本人観はむしろ過大評価だとさえ思える。彼が引用している黄遵憲の詩の後半を紹介しよう。

　　恨むところは、各々の富強
　　乃ち能く、相い補弼せん
　　同類の、争いて奪い興らば
　　外侮、日ごとに潜み匿れん
　　甲を解きて太平を歌い
　　之を、千万億ののちまで伝えん。

日中関係はこのようにありたいものだと、つくづく思う。

ピエール・ロチ『北京最後の日』1989年東海大学出版会。義和団事件を書いた日記記録であるが、彼は戦闘に参加したわけではない。すでに連合軍が北京を占拠したあと到着して見聞した記録である。戦火にあれた北京、そこでの連合軍の蛮行等をそのまま記述している。そしてそこから当時の西欧人が中国や中国人をどんな目で見、そして考えていたかがよく分かる。まさに中国人にとっては、屈辱の書であろう。

ニコライ『宣教師ニコライの日記抄』2000年北海道大学図書刊行会。日記は1870年から1906年まで、内日本での日記は1871年から始まっている。その中で私が特に関心を持ったのは、日露戦争下の記録である。ローゼン公使の一緒に帰国しようとの誘いをことわり、一人日本に残る

ことになる。そして駿河台の会堂にたてこもることになる。日本人の信者の中には、召集されて戦場に向かうものもいる。そして苦しい孤独の生活が始まる。１９０４年６月５日次のように書いている。「一人っきりで友がいないこと、戦争、……何とも苦しく耐え難い状態だ。ロシアから切り離され、日本からも締め出されている。自然死がそこまで迫ってきているのであったら喜んで死んでしまいたい。」その中で最初にあまり思わなかったことが起きる。それはロシア人捕虜の増大である。神父として彼等に対する精神的慰問そのために動くことになる。すでに１９０４年４月ロシア皇帝よりの依頼があった。だが彼自身が収容所に行くことは、日本政府が許さなかった。彼の場合は日本人神父を通しての活動であり、次第に多忙になっていく。ロシア人捕虜は増大するばかり、そしてロシア本国での暴動。彼にとっていい情報はほとんどない。そして最後は１９０５年５月の日本海会戦である。ロシア艦隊の壊滅。彼にとって、どんなにつらいことだったろう。

６月１１日にはこう書いている。「絶え間なく苦い盃を飲まざるを得ない。飲みほすと、常に耐え難く苦しい。」だが毎日は忙しい。「毎日捕虜からやロシアから……てがみがくる。……こまねずみのようだ。」彼はくるしみながらも、意欲をもって働いている。

『海軍反省会２』２０１１年 PHP 研究所。戦後、戦争中中堅将校として活動した人々の反省会、さらには証言等、日本海軍についての敗戦証言等はかなりの出版物が公表されてい

る。それらを読んで私の感じたことを記してみよう。

　始めのうちは、彼等の言うことを面白く読んでいた。しかしそのうちに、それならまちがって失敗したのを、そうでなく成功させていたら、日本は敗戦せずにすんだのかと、ここまで考えたとき、何かつまらなくなってきた。実際もし第二次大戦において日本海軍がその予定通りの作戦を展開して成功したなら、日本は戦勝したのだろうか。どうもそうではなさそうだ。その点陸軍も海軍も全く無責任な話だ。

　アメリカを屈服させるには、米本土に上陸し、そこを制圧しなければならない。ところが海軍の作戦を見ても、米本土どころか、ハワイさえ上陸占領の計画など無かったようだ。一体どうやって戦争を終結させるつもりだったのだろう。

　私は山本五十六連合艦隊司令長官の最後は一種の自殺だと思っている。彼は本当は日米戦に反対であったはずだ。しかし運命は彼を長官にしてしまい、最終的に彼は死を選んだのだ。死ねば、それで総べて終わり。これは戦国武将の最後ならそれでもいいが、現代戦でそれをやられては、後に残された人々はたまったものではない。彼だけではない。彼のもとで参謀長をつとめた宇垣少将も、終戦後に特攻隊の一部をひきいて、沖縄で自爆した。引き連れられた若い人々は全くかわいそうだ。

　最後になるが、これらの記録には、兵士水兵のことが全く出てこないことだ。要するに水兵は彼等にとって、大砲等と同じ道具にすぎなかったのであろう。そしてその生ける道具水兵の先に国民がいる。このことは全く触れていない。言葉

では総力戦と言いながら、現代戦とは何か、それには全く無関心だったのだ。

『日記に読む近代日本３大正』２０１２年吉川弘文館。自身の生まれ育った年代だけに、やはり関心がある。その中で原敬日記、そして木佐木日記はよく目を通している。しかし何といっても注目は私自身も体験した関東大震災の日記である。

まず明確なことは、地震のゆれも恐ろしいが、それ以上にこわいのは火災である。そしてさらにその後の平常心を失った人々の行動が、さらに被害を増大させる。この点は現代でも同じと思い、当時以上に人口集中の東京・横浜地域の危険性を痛感させられる。

『黒いアテナ』上下２００４年『黒いアテナ批判に答える』上下２０１２年藤原書店、合計約１８００頁の本、十分に理解して読み通したとは思わないが、とにかく考えさせられることも多かった。

日本人である私などは、西欧人とちがいギリシャ文明の受け継ぎ者ではないから、この文明に黒が入っている、それは別に大問題ではない。そして読みながら考えさせられることは、日本人の中国文明の受け入れ、これと対比しながら、いろいろ考えさせられることが多かった。

『経済統計で見る世界経済２０００年史』２００４年柏書房、数字統計で見た世界史、特に参考になったのは１８世紀末以来、いわゆる産業革命以後の状況である。この間の世界の動向、そしてその中で日本そして中国等のアジア状勢を理

解するために非常に参考になった。そして今後の世界がどのように動いていくのか、それを想像する、その基礎になるようなものをこの書から得たと思う。

2．私の生きた時代と今後

　多くの人は、自分が生まれ育った時代、それが当然のあたり前の時代であると思ってしまうものだ。だが人類史を大観すると、我々が生きてきた２０世紀は、１９世紀と共に非常に特別の時代であったことが明白になってくる。
　人類は数千年前農耕を覚え、国家を形成した。以来国家は１８世紀末まで農業主体ですごしてきた。無論商工業も発達してきたが、これはあくまで農業生産に付随したものであった。このようにして人類は数千年をすごしてきた。そして１８世紀頃の東アジアから西欧に到るまでの諸国の一人当たりの国民生産（GNP）は大差なかった。大きくみてもその差は１：２程度であった。これは植物生長が農業生産につながることから考えると当然のことであった。だが１８世紀末に大変動が起こった。産業革命である。今まで生産は人力中心で、場所によっては水力・風力を利用、一般的には牛馬の力を借りる程度の生産力が、一挙にかわった。蒸気機関の発明と利用である。石炭を利用し、強力な動力で機械を動かした。これにより安い商品を多量に生産し、他に輸出し巨大な

利益を上げた。まずイギリスに始まり、更に西欧諸国がこれにつづいた。日本は約半世紀遅れてこれらに追随した。１９世紀末頃には、世界は完全に二分した。工業先進国と未開国である。一人当たりGDPの差は１００対１以上の大差となった。現在言われている先進国と開発途上国である。

しかし工業技術は一定の習練を受ければじき修得できるものだ。２０世紀後半頃から途上国の多くで、工業化が急速に進むことになる。現在世界各国の貿易をみても、軽工業等はあまり見られない。要するに世界的に普及しているのである。そして今や重工業の中で代表的な自動車生産でさえ、世界第一の生産国はやっと中進国並みになった中国なのである。今や産業革命は終着に近づきつつあるのだ。現在の世界の経済状況を見ると、先進国は経済成長がとまり、中にはマイナスのこともある。一方発展途上国は中国のように成長率が一時的には１０％程度の国さえある。あまり国政がととのわぬ国でも４％程度と、先進国よりはるかに高い。これは労働賃金が安いから当然のことである。

とにかく現在の先進国の経済停滞は産業革命終末期におきる必然的現象である。しかし現在先進国の政治状況は、これを必然現象として受け入れることが出来ず、右往左往している。これが今の日・米それに西欧の状態なのである。

この世界状況で行けば、途上国は漸次先進国に追いつき、世界は又１８世紀以前の経済的には各国平均化時代となり、人類は平和に過ごせるよき時代となると考えられる。しかし地球の実状はそれを簡単に許さぬようである。その最大の原

因はエネルギー問題である。もともと産業革命はエネルギーが安価にいくらでも得られることを前提として成立している。そして２０世紀前半まではそれがある程度実現していた。それが１９７０年代に急変する。OPECの政治的決定により原油価格は急騰する。当時まで１バレル２ドル前後であったものが１９７７年末には１３ドルを越えた。以後原油価格は上がるばかり２０１１年原油価格は９５ドルだ。なぜかような状勢になるのか。要するに世界のエネルギー需要は年々増大し、供給はいつも後追いしている状態だからである。無論エネルギー価格の高騰により、新資源が開発され最近はアメリカのシェールガス開発が注目されているが、要するにこれは、世界エネルギー需要を一時的に緩和する程度であろう。そして発展途上国の工業化推進により、世界のエネルギー需要は益々増大するばかりである。現在の状況は大体次のようである。

　２００９年一次エネルギー供給量は（石油換算）１２１億トン、先進国５０％弱、途上国５０％強、そして先進国は漸減、途上国は可成の増勢である。１０年間で約１.５倍増である。この増加を地球資源が供給可能か疑問であるが、仮に可能にしても、その価格の高騰は間違いない。世界工業化、物資増大、サービス万全、都市集住、一方労働力偏重、上下格差増大、地方荒廃が起きるであろう。これにいかに対処すべきか。これについて特に日本はいかに生きるべきか。最後に以下は私の希望的予測を書いてみることにする。

　対外的に一番重要なのは日本の東西両方に存在する中国・

アメリカとの関係である。両国は多くの面で自給自足できる超大国、日本など大して必要ではない。かつて中国が日本に求めていたものはフカのヒレ、コンブ、コノワタ等海産物程度だったのだ。両大国は巨象なのだ。日本は子馬にすぎない。あまり密接に近づきすぎると、巨象の何気ない動きでも子馬は倒れてしまう。大国中国そして米国とは１８世紀以前同様親善を前提としながら、ある程度離れて立つべきだ。一方北のロシア、南のASEAN、オーストラリアとは有無相通じており、うまく交易すべきだ。このような状況の中で国内での対応を描いてみよう。

　高エネルギー使用によるサービス・便利の都市的生活をやめ、地方での地についた生活への転換。各自が労働と言うよりも、人間生きるための仕事を高齢最後まで続ける。そのため各自働くため、少なくとも千平米程度の土地への住居生活をすること。核家族でなく、三代等の重家族による生活、みなが体力に応じて、働く、その日常が必要であり、又それが楽しくもある。このような日常のすべてが変わることにより、日本は変動の少ない平和な生活が行われるであろう。

　日本は人口減少時代に入る。はっきりしたこのような目標を定めて進めていけば、それは決して不可能ではなく、明るい将来が見えてくるはずである。

3．大地震への基本的対策

　日本は東海に孤立し、平和を保ちやすいが、反面地震、津波、火山噴火、台風と自然災害の多い国である。その国に生まれ、１９２３年（大正12年）を経験した一人として、ここ半世紀間に必ず来るであろうと云われている、関東・東海地域の大地震対策にふれておきたい。まず１９２０年頃と現代２０１０年頃のこの地方の都市状況について見ることにする。人口についてである。

　この間の全国対南関東・東海５県の、この地域への極度の人口集中が明白である。

　５県合計９２０万、全国比１６％であったものが、現在は３９３５万、３０％になっている。日本住民の１０人のうち３人がこの地域に住んでいるのである。

　この地域にはこの約半世紀間に巨大地震が必ず起きるであろうと云われている。その時の災害を１９２３年（大正12年）関東大震災から単純に想定すると死者数は４４万人となる。この数字を過大と思う人もいると思う。第一に当時とちがい、不燃の建築物の増大、第二に道路拡張、高速道等インフラの整備である。

　しかし私はそのような楽観論には賛成できない。現在の状

況は１９２３年より災害に対して、さらに悪化していると思う。第一に先の表で示したように人口の激増である。東京区部だけでも４倍も増加し、必然的に人口密度も４倍になっている。そして電気が止まれば、マンション居住者は致命的打撃を受けるであろう。道路などのインフラ整備は整備が進めば進むほど、災害を受けやすくなるものだ。車での脱出はたちまち困難になるであろう。それなら徒歩ということになる。関東地震の時代は東京市街地は山手環状線内程度で、その外に出れば田園地帯が拡がっていた。しかし今はちがう。東は千葉市、北はさいたま市、西は八王子まで行かねば、田園らしい所に行き着けない。約４０kmは十分にある。横浜方面はさらに遠くまで市街地がつづいている。一方個々の人間は当時よりさらに歩行力はおとろえている。

　そして最後に食料であるが、東京・神奈川などは米の生産などごく僅かであり、外からの供給がとまった場合の食糧事情はきびしいものとなろう。

　以上から考えた場合、最善の、そして根本的な災害対策は何であろうか。一言で云ってこの地域に集まった人間を半減、いやそれ以上に減少させることである。具体的には現在この５都県には約８００万の６５歳以上の人がいる。この人達の大部分は年金生活者等でこの地方に住む必要はないのだから、地方に移ってもらう。そして毎年約５０万人がこの年齢になるのだからこの人達も地方に移住してもらう。２０年間継続すると約１千万人。このようにして、この地域の人口を半減させることが出来る。

一方中央集権的な現在の政府構造である限り、若い世代のこの地域への流入は続くであろう。それを変えるためには、地方分権的な組織に大変革する必要がある。これは何も災害対策のためだけではない。新時代を乗り切るための必然的要求なのだ。経済・教育・厚生等の地方分権化である。現在までのような全国一律でなく、地方地方がこれによりちがった社会・文化を創造し、日本を多彩な国家とする。

　この時代を予想すると、全国各地方都県は最少人口５０万、最多人口５００万とこのようになる。そして一部災害が起きても、それが国全体の致命傷にならぬ強い国となるであろう。

　このようになってくれればいいが、これがこの著述者の最後の願いである。

あとがき

　この記述を思い立ってから、何年か費やした。日時がかかったのは、老年の気力不足、一方正確を期するため、日記等と照合する必要があったからである。
　この間妻悦子と法光・晴子の後継ぎには、非常に助けられた。彼等なくしては、この著述は完成しなかったであろう。返礼の言葉もない。又多くの友人のはげましも有り難かった。あとは一人でも多くの人にこの本を読んで頂きたい、それだけである。

　　　　　　　　　　　　　　　　２０１３年６月１日

木村晃郎（きむら こうろう）

１９１６年神奈川県横浜市生まれ
１９３２年福岡県に来住
以後久留米・小郡に住む
版画家、著述業
各種社会教育活動を行う
著書に『平成三酔人経綸問答』他、約１０余点

大正・昭和を生きて

２０１３年１１月４日初版第１刷発行
著　者　　木村晃郎
発行者　　福元満治
発行所　　石　風　社

福岡市中央区渡辺通2-3-24
電話 092-714-4838　ファクス 092-725-3440

印刷製本　シナノパブリッシングプレス

ⓒ Kimura Koro, printed in Japan, 2013
価格はカバーに表示しています。
落丁、乱丁本はおとりかえします。